中国华能
CHINA HUANENG

U0662134

煤炭企业生态环境保护管理指导手册

中国华能集团有限公司生产环保部　组编

中国电力出版社
CHINA ELECTRIC POWER PRESS

图书在版编目（CIP）数据

煤炭企业生态环境保护管理指导手册 / 中国华能集团有限公司生产环保部组编 . —北京：中国电力出版社，2024.2
ISBN 978-7-5198-7445-2

Ⅰ . ①煤… Ⅱ . ①中… Ⅲ . ①煤炭企业－生态环境保护－中国－手册
Ⅳ . ① F426.21-62

中国版本图书馆 CIP 数据核字（2024）第 047389 号

出版发行：中国电力出版社
地　　址：北京市东城区北京站西街 19 号（邮政编码 100005）
网　　址：http://www.cepp.sgcc.com.cn
责任编辑：孙　芳（010-63412381）
责任校对：黄　蓓
装帧设计：赵姗姗
责任印制：吴　迪

印　　刷：北京九天鸿程印刷有限责任公司
版　　次：2024 年 2 月第一版
印　　次：2024 年 2 月北京第一次印刷
开　　本：850 毫米 ×1168 毫米　32 开本
印　　张：4.75
字　　数：111 千字　插页 1 张
册　　数：0001—2000 册
定　　价：55.00 元

编写委员会

主　　编：李向良

副 主 编：陈　江　银　龙　李　前　王利国
　　　　　于忠升

编写人员：刘　逍　金建成　马学京　杨万荣
　　　　　徐　栋　石　澄　胡　兵　张　凯
　　　　　顾雷雨　郝娇阳　杨　涵　宋文杰
　　　　　王立艳　孙元帅　石　磊　庞　博
　　　　　张晨昕　郭　焱　乐　波　舒　涛
　　　　　贾薇茜

前言

　　为全面贯彻党的二十大精神和习近平生态文明思想，深入落实习近平总书记在全国生态环境保护大会上的重要讲话精神，深入打好污染防治攻坚战，牢固树立"绿水青山就是金山银山"的理念，以华能"三色"文化为引领，严格落实企业生态环保主体责任，推进企业生态环保治理体系建设和治理能力的现代化，不断提升企业生态环保标准化管理水平，中国华能集团有限公司生产环保部组织有关单位专家编制火电、水电、新能源、煤炭等系列企业生态环保管理指引手册，2022年出版并发行《火电企业环保管理指引手册》，2023年组织编写完成了《水电／新能源／煤炭企业生态环保管理指引手册》。

　　本手册为《煤炭企业生态环境保护管理指导手册》，其主要依据国家法律法规和行业生态环保管理标准，结合煤炭企业产业特点，提出了煤炭企业生态环境保护管理内容及执行标准要求，为基层煤炭企业负责人和环保管理人员提供了管理依据，也为新上岗的环保工作人员快速掌握国家和行业环保管理要求提供了工作指导。

由于时间仓促，本手册尚有诸多不完善之处，在试行过程中希望企业使用者给予更好的意见和建议，编委会将进一步修改完善。

中国华能集团有限公司生产环保部

2023 年 12 月

1. 本手册引用的国家政策法规文件均截至 2023 年 11 月 30 日，后续国家更新的政策法规文件，需要企业每年进行制度合规性评价，及时更新修正。

2. 地方性法律法规及标准需要各使用单位补充完善。

3. 本手册编制的工作流程均是通用版，根据国家"放管服"政策，多数审批权限均已下放到省市级，请使用单位根据当地规定进行修订。

第一章　组织与制度

　　2021年11月，中共中央、国务院印发《关于深入打好污染防治攻坚战的意见》，进一步明确国家进入新发展阶段，深入打好污染防治攻坚战，需要着力解决思想认识不够深、治理能力不够强、改善水平不够高、工作成效不够稳、治理范围不够广等不足和短板，推动在重点区域、重点领域、关键指标上实现新突破。要求企业采取依法治污、科学治污、精准治污的有效措施，严格落实生态环保主体责任。因此，企业环保管理制度应从组织体系、制度体系、信息传递、监督体系、考核奖惩等方面全面落实企业生态环保"党政同责、一岗双责""管行业必须管环保、管业务必须管环保、管建设生产经营必须管环保"要求，进一步做好煤炭产业的生产环保工作。

第一节　法律与规定

一、国家生态环保法律法规

保护环境是我国的一项基本国策，《中国共产党章程》第六次修订时将"五位一体"总体布局和"四个全面"战略布局写入党章，十三届全国人大一次会议将"生态文明"写入国家宪法，实现党的主张、人民意愿的高度统一，为推进生态环境治理体系和治理能力现代化提供了宪法保障。一切单位和个人都有保护环境的义务。

习近平在十八届中央政治局第六次集体学习时强调：只有实行最严格的制度、最严密的法治，才能为生态文明建设提供可靠保障。生态环保法律法规的制定和实施，对保护和改善环境质量、促进可持续发展、保障公民健康和社会稳定具有重要意义。任何单位和个人都应当认真学习贯彻落实生态环保法律法规，共同建设美丽中国。

以下汇总的国家生态环保法律法规，可在各部委官网上查询，企业执行的法律法规不限于以下汇总。

（一）国家生态环保法律法规

● 《中华人民共和国环境保护法》（2014年4月24日修订）

● 《中华人民共和国大气污染防治法》（2015年8月29日修订）

● 《中华人民共和国水污染防治法》（2008年2月28日修订）

● 《中华人民共和国水法》（2016年7月2日修正）

● 《中华人民共和国噪声污染防治法》（2021年12月24日）

● 《中华人民共和国固体废物污染环境防治法》（2020年4月29日修订）

● 《中华人民共和国土壤污染防治法》（2018 年 8 月 31 日）

● 《中华人民共和国放射性污染防治法》（2003 年 6 月 28 日）

● 《中华人民共和国环境影响评价法》（2018 年 12 月 29 日修正）

● 《中华人民共和国煤炭生产法》（2016 年 11 月 7 日修正）

● 《中华人民共和国行政许可法》（2019 年 4 月 23 日修正）

● 《中华人民共和国土地管理法》（2019 年 8 月 26 日修正）

● 《中华人民共和国水土保持法》（2010 年 12 月 25 日修订）

● 《中华人民共和国节约能源法》（2018 年 10 月 26 日修正）

● 《中华人民共和国循环经济促进法》（2018 年 10 月 26 日修正）

● 《中华人民共和国清洁生产促进法》（2012 年 2 月 29 日修订）

● 《建设项目环境保护管理条例》（2017 年 7 月 16 日修订）

● 《国务院办公厅关于全面开展工程建设项目审批制度改革的实施意见》（国办发〔2019〕11 号）

● 《建设项目环境影响评价分类管理名录》（2021 年版）（生态环境部令 第 16 号）

● 《生态环境部建设项目环境影响报告书（表）审批程序规定》（生态环境部令 第 14 号）

● 《建设项目环境影响登记表管理办法》（环境保护部令 第 41 号）

● 《建设项目环境影响后评价管理办法（试行）》（环境保护部令 第 37 号）

● 《建设项目竣工环境保护验收暂行办法》（国环规环评〔2017〕4 号）

● 《建设项目竣工环境保护验收技术指南 污染影响类》（生态环境部公告 2018 年 第 9 号）

● 关于印发《建设项目事中事后监督管理办法（试行）》的通知（环发〔2015〕163 号）

● 《关于印发水泥制造等七个行业建设项目环境影响评价文件审批原则的通知》（环办环评〔2016〕114 号）

● 《环境影响评价公众参与办法》（生态环境部部令 第 4 号）

● 《环境保护公众参与办法》（环境保护部令 第 35 号）

● 《环境保护行政许可听证暂行办法》（国家环境保护总局令 第 22 号）

● 《生产建设项目水土保持方案管理办法》（水利部令 第 53 号）

● 《水利部关于进一步深化"放管服"改革全面加强水土保持监管的意见》（水保〔2019〕160 号）

● 《水利部办公厅关于印发生产建设项目水土保持监督管理办法的通知》（办水保〔2019〕172 号）

● 《水利部办公厅关于进一步加强生产建设项目水土保持监测工作的通知》（办水保〔2020〕161 号）

● 《水利部办公厅关于进一步优化开发区内生产建设项目水土保持管理工作的意见》（办水保〔2020〕235 号）

● 《水利部关于加强事中事后监管规范生产建设项目水土保持设施自主验收的通知》（水保〔2017〕365 号）

● 《排污许可管理条例》（中华人民共和国国务院令 第 736 号）

● 《排污许可管理办法》（2019 年 8 月 22 日修正）

● 《城镇污水排入排水管网许可管理办法》（住房和城乡建设部令 第 56 号修改通过）

● 《固定污染源排污许可分类管理名录》（2019 年版）

● 《污染源自动监控管理办法》（国家环境保护总局令 第 28 号）

● 关于印发《污染源自动监控设施运行管理办法》的通知（环发〔2008〕6 号）

● 《中共中央 国务院关于深入打好污染防治攻坚战的意见》（2021 年第 32 号）

● 《国务院关于印发水污染防治行动计划的通知》（国发〔2015〕17 号）

● 《饮用水水源保护区污染防治管理规定》（2010 年 12 月 22 日修正）

● 《黄河流域生态保护和高质量发展规划纲要》（2021 年第 30 号）

● 《国务院关于印发土壤污染防治行动计划的通知》（国发〔2016〕31 号）

● 《煤矸石综合利用管理办法》（2014 年修订版）

● 《国家危险废物名录》（2021 年版）

● 《危险废物经营许可证管理办法》（2016 年 2 月 6 日修订）

● 《危险废物转移管理办法》（生态环境部 公安部 交通运输部令 第 23 号）

● 《尾矿污染环境防治管理办法》（生态环境部令 第 26 号）

● 《中华人民共和国城市生活垃圾管理办法》（建设部令 第 157 号）

● 《工矿用地土壤环境管理办法（试行）》（生态环境部令 第 3 号）

● 《放射性废物安全管理条例》（中华人民共和国国务院令 第 612 号）

● 《放射性同位素与射线装置安全和防护条例》（2019 年 3 月 2 日修订）

● 《土地复垦条例》（中华人民共和国国务院令 第 592 号）

● 《土地复垦条例实施办法》（国土资源部令 第 56 号）

● 《中华人民共和国突发事件应对法》（2007 年 8 月 30 日）

● 《突发环境事件应急管理办法》（环境保护部令 第 34 号）

● 《突发环境事件信息报告办法》（环境保护部令 第 17 号）

● 关于印发《企业事业单位突发环境事件应急预案备案管理办法（试行）》的通知（环发〔2015〕4 号）

● 关于发布《企业突发环境事件隐患排查和治理工作指南（试行）》的公告（环境保护部公告 2016 年 第 74 号）

● 《关于加强重污染天气应对夯实应急减排措施的指导意见》（环办大气函〔2019〕648 号）

● 《生态环境行政处罚办法》（生态环境部令 第 30 号）

● 《环境保护主管部门实施按日计罚处罚办法》（环境保护部令 第 28 号）

● 《环境保护主管部门实施查封扣押办法》（环境保护部令 第 29 号）

● 《中央企业节约能源与生态环境保护监督管理办法》（国资委令 第 41 号）

● 关于印发《减污降碳协同增效实施方案》的通知（环综合〔2022〕42 号）

● 《中央生态环境保护督察工作规定》（2019 年第 18 号）

● 《环境监测管理办法》（国家环境保护总局令 第 39 号）

● 《企业环境信息依法披露管理办法》（生态环境部令 第 24 号）

● 《生态环境统计管理办法》（生态环境部令 第 29 号）

● 《环境保护档案管理办法》（2021 年 12 月 13 日修正）

● 《生态环境标准管理办法》（生态环境部令 第 17 号）

● 《中华人民共和国环境保护税法实施条例》（中华人民共和国国务院令第 693 号）

● 《取水许可和水资源费征收管理条例》（2017 年 3 月 1 日修订）

● 关于发布修订后的《企业所得税优惠政策事项办理办法》的公告（国家税务总局公告 2018 年 第 23 号）

● 《关于明确环境保护税应税污染物适用等有关问题的通知》（财税〔2018〕117 号）

● 《环境保护节能、节水项目企业所得税优惠目录》（2021 年版）

● 《资源综合利用企业所得税优惠目录》（2021 年版）

（二）国家及行业生态环保标准

● 《大气污染物综合排放标准》（GB 16297—1996）

● 《挥发性有机物无组织排放控制标准》（GB 37822—2019）

● 《污水综合排放标准》（GB 8978—1996）

● 《一般工业固体废物贮存和填埋污染控制标准》（GB 18599—2020）

● 《危险废物贮存污染控制标准》（GB 18597—2023）

● 《危险废物填埋污染控制标准》（GB 18598—2019）

● 《土壤环境质量 农用地土壤污染风险管控标准（试行）》（GB 15618—2018）

● 《土壤环境质量 建设用地土壤污染风险管控标准（试行）》（GB 36600—2018）

● 《环境保护图形标志 - 排放口（源）》（GB 15562.1—1995）

● 《环境保护图形标志 - 固体废物贮存（处置）场》（GB 15562.2—

1995）修改单

● 《生产建设项目水土保持监测与评价标准》（GB/T 51240—2018）

● 《工业企业清洁生产审核 技术导则》（GB/T 25973—2010）

● 《建设项目环境影响评价技术导则 总纲》（HJ 2.1—2016）

● 《建设项目竣工环境保护验收技术规范 煤炭采选》（HJ 672—2013）

● 《建设项目竣工环境保护验收技术规范 生态影响类》（HJ/T 394—2007）

● 《排污许可证申请与核发技术规范 工业固体废物（试行）》（HJ 1200—2021）

● 《排污许可证申请与核发技术规范 工业噪声》（HJ 1301—2023）

● 《排污许可证质量核查技术规范》（HJ 1299—2023）

● 《排污单位环境管理台账及排污许可证执行报告技术规范 总则（试行）》（HJ 944—2018）

● 《排污单位自行监测技术指南 总则》（HJ 819—2017）

● 《排污单位自行监测技术指南 火力发电及锅炉》（HJ 820—2017）

● 《固定污染源烟气（SO_2、NO_x、颗粒物）排放连续监测技术规范》（HJ 75—2017）

● 《固定污染源烟气（SO_2、NO_x、颗粒物）排放连续监测系统技术要求及检测方法》（HJ 76—2017）

● 《环境空气质量指数（AQI）技术规定（试行）》（HJ 633—

2012)

- 《地表水和污水监测技术规范》（HJ/T 91—2002）
- 《地表水环境质量监测技术规范》（HJ 91.2—2022）
- 《地下水环境监测技术规范》（HJ 164—2020）
- 《水污染源在线监测系统（COD_{Cr}、$NH_3\text{-}N$ 等）安装技术规范》（HJ 353—2019）
- 《水污染源在线监测系统（COD_{Cr}、$NH_3\text{-}N$ 等）验收技术规范》（HJ 354—2019）
- 《水污染源在线监测系统（COD_{Cr}、$NH_3\text{-}N$ 等）运行技术规范》（HJ 355—2019）
- 《水质 采样技术指导》（HJ 494—2009）
- 《水质 采样方案设计技术规定》（HJ 495—2009）
- 《入河入海排污口监督管理技术指南 入河排污口规范化建设》（HJ 1309—2023）
- 《固体废物处理处置工程技术导则》（HJ 2035—2013）
- 《危险废物收集、贮存、运输技术规范》（HJ 2025—2012）
- 《危险废物识别标志设置技术规范》（HJ 1276—2022）
- 《危险废物管理计划和管理台账制定技术导则》（HJ 1259—2022）

二、地方性生态环保行政法规

基层企业应补充所在省级（含自治区）、地市、县级发布的生态环保政策和要求。

格式为：文件名称（文号、修订时间或执行时间）和有关必须要执行的要求。

三、集团公司生态环保管理制度

● 《中国华能集团有限公司生态环境保护管理办法》

● 《中国华能集团有限公司生态环境保护及污染物防治攻坚工作责任追究办法》

● 《中国华能集团有限公司环保先进单位评选办法》

● 《中国华能集团有限公司污染物排放实时监管平台管理办法》

● 《中国华能集团有限公司重污染天气应急预案》

第二节 生态环保管理体系建设

一、管理要点及标准

按照《中国华能集团有限公司生态环境保护管理办法》规定，煤炭企业负责贯彻落实国家、地方生态环保法律、法规、标准和工作要求，贯彻落实上级单位生态环保工作要求，全面落实企业环保主体责任。具体如下：

（一）组织机构

工作要求：依据国家相关法律法规和《中国华能集团有限公司生态环境保护管理办法》的规定要求，企业主要负责人是生态环保第一责任人，按照"一岗双责、党政同责""管行业必须管环保、管业务必须管环保、管建设生产经营必须管环保"的要求建立生态环保管理责任制，成立生态环保领导小组，建立与企业生产经营相适应的生态环保管理机构和监督机构，配置相应的专业管理人员，并明确责任部门和责任人的职责。

（二）工作机制

（1）定期组织开展习近平生态文明思想和国家生态环保工作部署要求学习，及时组织宣贯国家新出台的生态环保法律法规，提升全员生态环保意识，提高生态环保管理人员的专业能力。

（2）定期组织召开生态环保工作小组会和生态环保例会，及时总结分析存在的问题，安排部署企业生态环保工作。

（3）实行生态环保目标责任制，主要指标定量考核，持续开展生态环保风险识别管控与隐患排查治理，确保生态环保管理和指标双领先。

（三）部门（科室）职责

根据企业机构设置和业务分工，按照"管行业必须管环保、管业务必须管环保、管建设生产经营必须管环保"的要求，明确各相关部门（科室，下同）生态环保职责，并严格责任落实与考核。

二、制度建设

（1）企业组织制定生态环保管理制度、流程、标准，并及时修订（原则上每年修订一次），以正式文件下发宣贯落实。管理制度应包含但不限于下列制度或内容：生态环保责任制、生态环保管理办法及考核标准、排污许可管理、污染防治管理、环保设备设施管理、环境监测、环境监督检查、环境事件应急与处置、信息披露、环境统计、生态环保培训宣传、环保档案管理等。

（2）根据内部授权及业务分工，企业主要负责人是生态环保第一责任人，按照"一岗双责、党政同责""管行业必须管环保、管业务必须管环保、管建设生产经营必须管环保"的要求，建立生态环保责任制度，明确企业负责人和相关人员的责任。分解、落实本企业生态环保管理目标和指标，逐级签订生态环保责任书，并严格履职履责考核。

三、管理依据

见附件 1 表 1 生态环保管理体系建设。

第三节　工作原则

一、生态环保管理工作原则

生态环保管理的工作原则是：工作程序合法合规和工作内容合法合规。企业生态环保依法合规管理主要包括但不限于：①企业在制度制定环节、经营决策环节、生产运营环节、市场退出环节，必须严格执行国家生态环保法律法规；②建立和完善企业生产规范和生态环保制度；③及时发现和整改生态环保违规问题。

煤炭企业的生态环保合规义务贯穿煤矿项目整个过程，主要分为煤矿开工建设前、煤矿建设中、煤矿生产运营、煤矿关闭四个阶段。

企业生态环保工作开展过程中须注意工作程序合法性及所依据法律法规、导则标准、技术方法、手册规范等内容的合法合规性。

生态环保工作原则是生态环保工作人员必须遵循的基本工作原则，不但关系到所有生态环保工作开展的合法合规及合理性，而且关系到企业生态环保工作开展的有效、可行及可持续性。

二、生态环保合规必要性

（1）生态环保管控力度日趋严格，中央环保督察、流域环保督察、明察暗访检查常态化开展，生态环保合规性发展势在必行。各级政府不断强化生态文明建设目标评价考核制度，生态环保成为干部考核和任免的重要依据，在当前生态环保监管高压态势下，环保督察从"督企"向"督政"方向转变，地方执法逐渐从严，法网绵密。

（2）生态环保法律体系逐步健全，法律制度日趋严格。2015年《中华人民共和国环境保护法》以法律形式确立"保护环境是国家的基本国策"；首次确定生态保护相关制度；首次引入按日连续处罚、行政拘留等。近几年国家还修改和制定了《排污许可管理条例》《中华人民共和国水污染防治法》《中华人民共和国大气污染防治法》《中华人民共和国噪声污染防治法》《中华人民共和国固体废物污染环境防治法》《工矿用地土壤环境管理办法（试行）》等一系列环保法律法规，这些法律法规均对矿业企业矿产资源开发利用活动规定了严格的环保义务。

（3）弱化事前审批，强化事后监管，对企业环保合规管理提出更高要求。在政府部门简政放权、放管结合的大背景下，生态环保主管部门正由事前审批为主向事中事后监管为主转变。2018年修正的《中华人民共和国环境影响评价法》就弱化了事前环评审批，环评行政审批不再作为可行性研究报告审批或项目核准的前置条件，但强化了事中和事后监管，大幅提高了未批先建等违法行为行政处罚的限额，这对企业自行开展环保合规提出了更高的要求。

三、管理要点及标准

（1）树立生态环保合规意识。企业要把生态环保合规建设作为企业必须要做的事来做。

（2）搭建科学的生态环保合规体系。企业须结合自身特点，建立符合企业实际的生态环保管理体系。

（3）明确生态环保管理归口部门，配置专职管理人员，全程参与生态环保工作，前期重点关注建设项目环评、"同时设计、同时施工、同时投入生产和使用"（以下简称"三同时"）及验收工作，后期重点关注排污许可工作，实施生态环保管理工作档案管理制度，全面落实生态环保工作的全过程管控。

四、管理风险及隐患

（1）项目前期、建设、运营、关闭未按生态环保工作程序要求开展工作，导致项目实施不符合程序要求，留下巨大隐患，如未批先建、未验先投、无证产污、无证排污等。

（2）企业环保实际工作与项目环评报告内容、排污许可实施等管控要求不符，如污染物排放执行标准不准确、企业环境信息公示内容不准确、生态环保统计内容及频率不规范等违规行为。

第四节　标准及要求

一、生态环保管理办法

企业须建立健全生态环保管理体系，按照"党政同责、一岗双责""管行业必须管环保、管业务必须管环保、管建设生产经营必须管环保"的要求，将生态环保工作贯穿建设经营全过程。要严格按照国家法律法规开展生态环保工作，通过完善管理制度、健全责任体系、明确管理内容、梳理管控要素、优化管理流程、细化管理标准、强化监督考核等措施，实现企业管理制度化、流程标准化、任务清单化，确保企业依法合规经营。

二、监督与考核

1. 企业内部监督与考核
2. 环保管理标准化企业创建
3. 环保优秀（先进）企业评选
4. 环保先进个人评选

三、重大生态环保风险管控与隐患排查闭环管理

建立生态环保风险常态化管理制度，确保风险可控；建立企业生态环保隐患排查管理工作机制，定期开展隐患排查，建立台账，按照"五定"原则整改落实，实现隐患闭环管理。

企业应建立从上到下的生态环保风险隐患常态化管理机制，按照集团公司风险隐患管理要求，每月填报本单位环保风险隐患情况，责任部门要坚持问题导向，实现早发现早整改的隐患常态化管理目标。

第二章 建设项目（新建、改建、扩建）生态环保管理

　　按照《中华人民共和国环境影响评价法》等国家法律法规要求，新建、改建、扩建项目在开工建设前必须开展环境影响评价工作，在项目建设过程中严格执行"三同时"制度，项目建成后必须开展企业自主验收并公示备案，验收合格后方可投入使用。同时在建设过程中要强化施工建设现场的污染防治管控，防止环境污染。

一、管理范围

新建、改建、扩建项目的环评手续；环保"三同时"制度的执行情况；施工合同中污染防治责任及措施的落实情况；企业自主验收的验收报告、监测报告、施工监理报告等。

二、管理要点及标准

按照《中华人民共和国环境影响评价法》《建设项目环境保护管理条例》等国家法律法规和《中国华能集团有限公司生态环境保护管理办法》相关规定，建设项目（含新建、改建、扩建，下同）必须依法开展环境影响评价、严格执行"三同时"制度和建设项目竣工环境保护验收等工作。

根据《建设项目环境影响评价分类管理名录》对环境可能造成影响的程度不同，环境影响评价分为环境影响评价报告书、环境影响评价报告表、环境影响评价登记表。

（一）项目建设前期（环境影响评价）

（1）建设项目立项阶段应开展选址（选线）生态环境可行性分析，必须严格执行"三线一单（生态保护红线、环境质量底线、资源利用上线和环境准入负面清单）"要求。

（2）建设项目生态环境保护措施的设计和选择，应在满足国家及行业标准要求基础上适度超前，优先采用资源利用率高、污染物排放量少的工艺、设备，以及废弃物综合利用技术和污染物无害化处理技术，最大限度减少对大气、水、声、土地、自然生态等环境要素的影响。

（3）环境影响评价文件未经有审批权的行政主管部门批复或备案，建设项目不得开工建设。

环境影响评价文件经批准后，如建设项目的性质、规模、地点、生产工艺或防治污染、防止生态破坏、防止水土流失的措施发生重大变动，建设单位应重新报批环境影响评价文件。

对环境影响评价文件自批准之日起超过五年，才决定开工建设的项目，其环境影响评价文件应报原审批部门重新审核。

（4）建设单位应将建设项目污染防治设施、生态保护措施所需投资全额列入工程概算，不得取消或挪用。

（5）建设单位应与施工单位、监理单位依法依规签订生态环境保护责任书，明确职责分工、权利义务、责任范围、考核奖惩、协作目标等内容。

1）建设单位应根据环境影响评价文件相关批复文件要求，制定建设期生态环境保护工作计划并下达施工单位和监理单位，定期进行监督和检查。

2）施工单位或监理单位违反有关生态环境保护规定时，建设单位应予以及时制止，对存在重大环境隐患的应责令停工整改，拒不整改的可予以清退。对不合格的施工单位或监理单位，应按集团公司相关规定列入"黑名单"。

（6）重大技改项目在可行性研究报告中应有环境保护篇章，并依法履行环境影响评价相关制度，不得未批先建。

（7）根据《建设项目环境保护管理条例》第十一条，建设项目有下列情形之一的，生态环境保护主管部门对环境影响报告书、环境影响报告表作出不予批准的决定：

1）建设项目类型及其选址、布局、规模等不符合环境保护法律法规和相关法定规划。

2）所在区域环境质量未达到国家或者地方环境质量标准，且建设项目拟采取的措施不能满足区域环境质量改善目标管理要求。

3）建设项目采取的污染防治措施无法确保污染物排放达到国家和地方排放标准，或者未采取必要措施预防和控制生态破坏。

4）改建、扩建和技术改造项目，未针对项目原有环境污染和生态破坏提出有效防治措施。

5）建设项目的环境影响报告书、环境影响报告表的基础资料数据明显不实，内容存在重大缺陷、遗漏，或者环境影响评价结论不明确、不合理。

（8）信息公示。

1）建设单位应当在确定环境影响报告书编制单位后 7 个工作日内，通过其网站、建设项目所在地公共媒体网站或者建设项目所在地相关政府网站公示规定内容。

2）建设项目环境影响报告书征求意见稿形成后，建设单位应当公开相关信息，征求与该建设项目环境影响有关的意见，征求公众意见的期限不得少于 10 个工作日。

3）建设单位决定组织召开公众座谈会、专家论证会的，应当在会议召开的 10 个工作日前，将会议的时间、地点、主题和可以报名的公众范围、报名办法，在建设项目所在地公众易于知悉的场所张贴公告等方式向社会公告。

（二）项目建设过程

（1）建设单位应严格执行建设项目生态环境保护"三同时"制度。

（2）项目建设过程中，施工单位必须严格按照国家生态环保法律法规和环境影响评价文件的要求，采取有效措施，防止对周围环境造成不良影响。项目竣工后，对已纳入初步设计的环境保护措施没有落实到位的，应由施工单位及时进行修复和完善。

（3）建设项目应全面落实有关环境影响评价文件确定的其他环保

措施的落实情况，环境保护设施设计、施工、验收、投入生产或者使用中严格执行环境保护法律法规和标准。

（4）在施工建设期间，应主动公开主要环境保护设施实施情况、施工期环保措施落实情况、施工期环境监测情况及监测报告。

（三）项目环保验收

（1）建设项目竣工后，企业应依法组织开展竣工环境保护验收，对分期建设、分期投产或分期验收的建设项目，环境保护设施或措施具备验收条件的，应及时开展验收工作。环境保护设施未经验收或验收不合格，不得投产使用。

（2）对纳入排污许可管理的建设项目，应在实际污染物排放之前，按照国家有关规定申请排污许可证（含排污许可登记，下同），不得无证排污或违规排污。

（3）建设单位是新建及技改项目竣工环境保护验收的责任主体，应根据竣工环境保护验收管理要求明确内部工作机构，接受上级单位业务指导和监督管理。

（4）除需要取得排污许可证的污染防治设施外，其他环境保护设施的验收期限一般不超过 3 个月；需要对环境保护设施进行调试或者整改的，验收期限可以适当延期，但最长不超过 12 个月。

（5）建设单位应在新建及技改项目调试、产生实际污染物排放之前，取得排污许可证或完成排污许可证变更，不得无证排污或不按证排污。

（6）建设单位自主验收主要职责：

1）贯彻执行国家及地方有关竣工环境保护验收工作的有关规定，组织对配套建设的环境保护设施进行验收。

2）如实查验、监测、记载建设项目环境保护设施的建设和调试情况，确保配套建设的环境保护设施与主体工程同时投产或者使用。

3）建设单位应当按照《建设项目竣工环境保护验收技术指南 污染影响类》《建设项目竣工环境保护验收技术规范 生态环境影响类》编制验收监测报告。建设单位应当根据验收监测报告结论，逐一检查是否存在验收不合格的情形，提出验收意见存在问题的，建设单位应当进行整改，整改完成后方可提出验收意见。

4）组织编制竣工环境保护验收报告（包括验收监测报告、验收意见和其他需要说明的事项等内容），依法向社会公开验收报告，并对验收内容、结论和所公开信息的真实性、准确性和完整性负责。

（7）存在下列情形之一的，建设单位不得提出验收合格的意见：

1）未按环境影响报告书（表）及其审批部门审批决定要求建成环境保护设施，或者环境保护设施不能与主体工程同时投产或者使用的。

2）污染物排放不符合国家和地方相关标准、环境影响报告书（表）及其审批部门审批决定或者重点污染物排放总量控制指标要求的。

3）环境影响报告书（表）经批准后，项目的性质、规模、地点、采用的生产工艺或者防治污染、防止生态破坏的措施发生重大变动，建设单位未重新报批环境影响报告书（表）或者环境影响报告书（表）未经批准的。

4）建设过程中造成重大环境污染未治理完成，或者造成重大生态破坏未恢复的。

5）无证排污或者不按证排污的。

6）分期建设、分期投入生产或者使用依法应当分期验收的项目，其分期建设、分期投入生产或者使用的环境保护设施防治环境污染和生态破坏的能力不能满足其主体工程需要的。

7）因项目违反国家或地方环境保护法律法规受到处罚，被责令改正，尚未改正完成的。

8）验收报告的基础资料数据明显不实，内容存在重大缺项、遗漏，或者验收结论不明确、不合理的。

9）其他环境保护法律法规规章等规定不得通过验收的。

（8）严禁未按照国家和地方有关标准、规范和指南等查验、记载建设项目环境保护设施的建设和调试情况或编制验收报告。

（9）应避免过分依赖第三方"包办服务"，建设单位对第三方服务机构编制的验收监测（调查）报告结论负责，验收中产生的环境违法问题，将由建设单位承担相应法律责任。

（10）信息公示。

1）建设项目配套建设的环境保护设施竣工后，公开竣工日期。

2）对建设项目配套建设的环境保护设施进行调试前，公开调试的起止日期。

3）验收报告编制完成后 5 个工作日内，公开验收报告，公示的期限不得少于 20 个工作日。

建设单位公开上述信息的同时，应当向所在地县级以上生态环境保护主管部门报送相关信息，并接受监督检查。

（四）执行标准

1. 《建设项目环境影响评价分类管理名录》（2021 年版）

2. 《污染影响类建设项目综合重大变动清单（试行）》（环办环评函〔2020〕688 号）

3. 《建设项目竣工环境保护验收技术指南 污染影响类》（生态环境部公告 2018 年　第 9 号）

4. 《建设项目竣工环境保护验收技术规范 生态影响类》（HJ/T

394—2007）

三、工作流程

（一）建设项目环境影响评价报批流程（见图2-1）

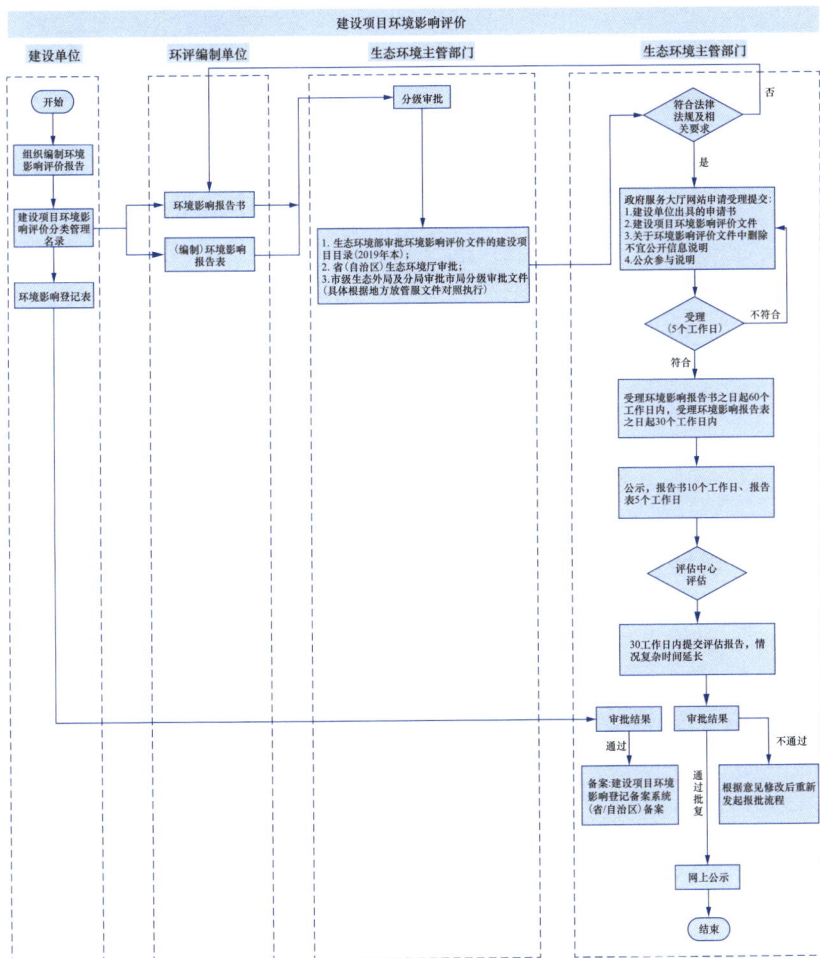

图 2-1 建设项目环境影响评价报批流程

（二）建设项目环境保护自主验收流程（见图2-2）

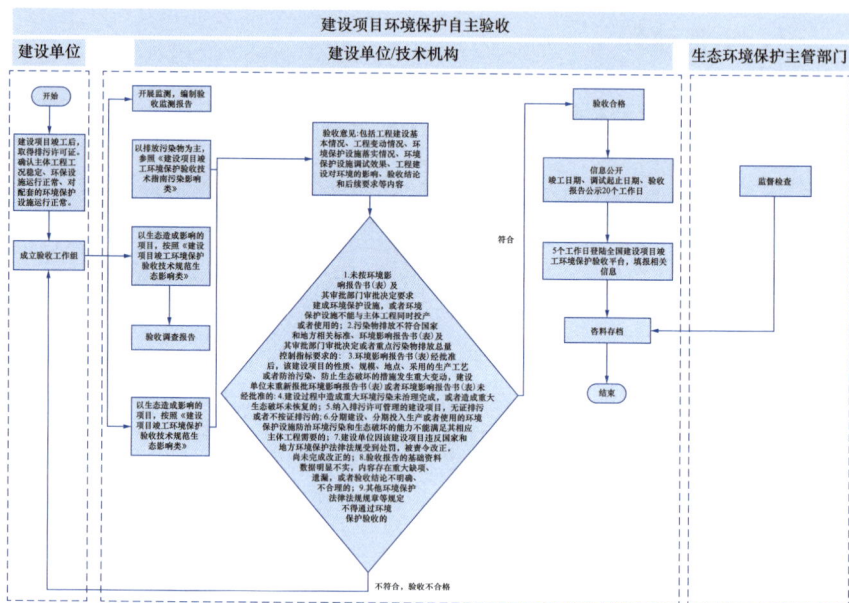

图2-2　建设项目环境保护自主验收流程

四、管理风险及隐患

（1）建设项目违反"三线一单"规定。

（2）建设项目环境影响评价文件未经批准，项目环评批复五年未开工建设或者项目发生重大变动未经原审批部门重新审核同意，擅自开工建设（未批先建）。

（3）项目性质、规模、地点、采用的生产工艺或者防治污染、防止生态破坏的措施发生重大变动的，未及时进行变更审批。

（4）建设项目未严格执行"三同时"制度，污染防治设施未与主体工程同时设计、同时施工、同时投产使用。

（5）环境保护设施未建成、未经验收或者验收不合格，建设项目即投入生产或者使用。（未验先投）

（6）不符合验收条件的项目，企业自主验收通过。（虚假验收）

（7）未在规定期限内完成环保项目自主验收，自主验收程序及过程存在违规验收，或已完成自主验收未及时向当地生态环境主管部门报备。

（8）项目建设合同未明确污染防治责任及防治措施，施工作业现场存在环境污染问题。

（9）未按环评批复要求开展环保专项监理。

五、管理依据

见附件1表2建设项目（新建、改建、扩建）环保管理。

第三章　排污许可管理

　　排污许可制度是以提高环境质量为目标，以总量控制为基础的具有法律意义的行政制度，是环境保护管理的八项制度之一，是以许可证为载体，对排污单位的排污权利进行约束的一种制度，规定了排污单位可以排放的污染物种类、允许排放的量、允许排放的方向。

一、管理范围

排污许可证办理、变更、延续、注销等情况；排放口规范化建设、污染物排放浓度和排放量、污染防治设施运行和维护、无组织排放控制等要求的落实情况；排污许可证执行报告编制及上报情况；自行监测落实情况；环境管理台账记录情况；信息公开情况等。

二、管理要点及标准

按照《排污许可管理条例》《排污许可管理办法（试行）》等相关法律法规规定，企业在排污之前必须办理排污许可（重点管理、简化管理及排污登记）。重点排污管理单位要按相关标准要求规范化建设排放口，严格落实污染防治设施运行和维护，无组织排放控制等措施，保证污染物排放浓度和排放量符合排污许可，做好环境管理台账记录、排污许可证执行报告、自行监测数据、信息公开内容等工作。

（一）排污许可证的办理（变更、延续）

（1）排污单位必须持证排污、按证排污，不得无证排污。

（2）排污单位负责落实国家及地方的排污许可法律法规、政策标准和集团公司有关规定，明确本单位各部门工作。相关部门须按照要求，完成本部门业务范围内的排污许可相关工作。

（3）按照排污许可分类管理名录规定的时限内申请并取得排污许可证；在名录规定的时限后建成的，应当在启动生产设施或发生实际排污之前向污染物产生地市级以上生态环境管理部门申请并取得排污许可证。

（4）排污许可分类管理：

根据污染物产生量、排放量或者对环境的影响程度的大小，分为重点管理与简化管理。排污较大的排污单位，实行排污许可重点管理；污染物产生量、排放量和对环境的影响程度都较小的排污单位，实行排污许可简化管理。污染物产生量、排放量和对环境的影响程度都很小的单位，应当填报排污登记表，不需要申请取得排污许可证。

（5）按照《排污许可管理条例》，梳理本单位基本情况，申请取得排污许可证还应当提交相应材料：

1）属于实行排污许可重点管理的单位，排污单位在提出申请前须通过全国排污许可证管理信息平台公开单位基本信息、拟申请许可事项的说明材料。

2）属于城镇和工业污水集中处理设施的，排污单位的纳污范围、管网布置、最终排放去向等说明材料。

3）属于排放重点污染物的新建、改建、扩建项目以及实施技术改造项目的，排污单位通过污染物排放量削减替代获得重点污染物排放总量控制指标的说明材料。

（6）按照地方生态环境保护主管部门的具体安排，通过全国排污许可证管理信息平台向具有核发权限的行政主管单位（审批部门）提交申请材料，同时线下提交书面申请材料。积极按照审批部门要求，及时提供补充材料。审批部门审核通过后，按时领取排污许可证，妥善保存。

（7）按照《排污许可管理条例》第14条要求，排污单位变更名称、住所、法定代表人或者主要负责人的，应当自变更之日起30日内，向审批部门申请办理排污许可证变更手续。

（8）按照《排污许可管理条例》第15条要求，在排污许可证有效期内，排污单位有下列情形之一的，应当重新申请取得排污许可证：

1）新建、改建、扩建排放污染物的项目。

2）生产经营场所、污染物排放口位置或者污染物排放方式、排放去向发生变化。

3）污染物排放口数量或者污染物排放种类、排放量、排放浓度增加。

（9）排污许可证发生遗失、损毁的，企业应当在 30 个工作日内向审批部门申请补领排污许可证。遗失排污许可证的，在申请补领前应当在全国排污许可证管理信息平台上发布遗失声明；损毁排污许可证的，应当同时交回被损毁的排污许可证。

（10）排污许可证办理遵循属地原则，有两个以上生产经营场所排放污染物的，应当按照生产经营场所所在地分别申请排污许可证。

（11）排污许可证有效期为 5 年。

（二）自行监测

（1）排污单位应根据排污许可规定依法开展自行监测。安装或使用的监测设备应符合国家有关环境监测、计量认证规定和技术规范，保障数据合法有效，保证设备正常运行，妥善保存原始记录，建立准确完整的环境管理台账。安装在线监测设备的应与地方生态环境保护主管部门联网，并保存原始监测记录。原始监测记录保存期限不得少于 5 年。

（2）排污单位对其自行监测结果及信息公开内容的真实性、准确性、完整性负责。排污单位应积极配合并接受生态环境保护主管部门的日常监督管理。

（3）监测单位及资质要求：不具备环境监测能力的排污单位，应当委托环境保护部门所属环境监测机构或者经省级环境保护部门认定的环境监测机构进行监测。

（4）自行监测要求：制定监测方案、建设和维护污染监测设施、开展自行监测，做好监测质量保证与质量控制、记录保存和公开监测数据等工作。

1）监测方案制定：包括监测点位、监测指标、监测频次、监测技术、采样方法、监测分析方法的确定原则和方法。

2）监测质量保证与质量控制：从监测机构、人员、出具数据所需仪器设备、监测辅助设施和实验室环境、监测方法技术能力验证、监测活动质量控制与质量保证等方面的全过程质量控制。

3）信息记录和报告要求：包括监测信息记录、信息报告、应急报告、信息公开等内容。

（5）纳入排污许可管理单位自行监测要求：

1）实行排污许可管理（包括重点管理和简化管理）的排污单位依法应申领排污许可证，按照排污许可证登记的监测点位、污染物、监测频次等开展自行监测。

2）要求手工监测的应委托具备资质的第三方监测机构（自建实验室的应达到《排污单位自行监测技术指南 总则》要求）开展监测。

3）排污许可证要求安装自动监控设备的企业，应按规定安装自动监控设备并与生态环境保护主管部门联网。

（6）纳入排污登记管理及其他排污单位应按照建设项目环评、验收等相关文件要求以及实际排污情况，对排放的废水、废气、噪声等污染物制定污染源自行监测计划，委托具备资质的监测机构开展污染源自行监测工作。

（7）污染源自行监测应覆盖排污单位所有排放口、无组织排放源和排污许可管理规定明确要求的所有污染物指标，以及污染物排放标准、环境影响评价报告及批复等要求开展的监测内容。包括以下类别：

1）污染物排放监测：废气污染物（以有组织或无组织形式排入环境）、废水污染物（直接排入环境或排入公共污水处理系统）及噪声污染等。

2）周边环境质量影响监测：污染物排放标准、环境影响评价文件及其批复或其他环境管理有明确要求的，排污单位应按照要求对其周边相应的空气、地表水、地下水、土壤等环境质量开展监测；其他排污单位根据实际情况确定是否开展周边环境质量影响监测。

3）关键工艺参数：监测在某些情况下，可以通过对与污染物产生和排放密切相关的关键工艺参数进行测试以补充污染物排放监测。

4）污染治理设施处理效果监测：若污染物排放标准等环境管理文件对污染治理设施有特别要求的，或排污单位认为有必要的，应对污染治理设施处理效果进行监测。

（8）污染源自行监测方案要求：

1）排污单位应按照国家有关规定和《排污单位自行监测技术指南 总则》等标准规范制定污染源自行监测方案，并报企业生态环境保护归口管理部门审核。

2）监测方案应包括单位基本情况、监测点位及示意图、监测指标、执行标准及其限值、监测频次、使用的监测分析方法等内容。

3）污染源自行监测方案发生调整、变化的，应按地方生态环境保护主管部门要求进行备案和公开。

（9）污染源自行监测频次要求：

1）企业安装自动监测设备的，应保证监测设备正常运行，全天连续监测。

2）采用手工监测的，监测频次按照排污许可证或《排污单位自行监测技术指南　总则》等国家及地方相关监测标准规范确定。

3）国家或地方发布的规范性文件等对监测指标有更严格监测频次要求的，应按其要求执行。

（10）污染源自行监测方法参考相关排放标准的规定，同时根据排放污染物浓度的高低，需考虑所采用监测分析方法的检测限和干扰等因素，选择合适的国家环境监测技术规范和方法以及其他国家级技术标准规范。

（11）污染源自行监测设施管理要求：

1）排污单位应当按照相关管理规定和监测技术规范的要求，设置满足开展监测所需要的监测设施，安装或者使用符合国家有关环境监测、计量认证规定的监测设备。

2）废水排放口，废气（采样）监测平台、监测断面和监测孔的设置应符合监测规范要求。监测平台应便于开展监测活动，保证监测人员的安全。

3）根据国家标准要求设置在线监测系统并与生态环境保护主管部门的监控设备联网，定期对自动监测设备开展质量控制和质量保证工作，保证自动监测设备正常运行，确保自动监测数据完整、有效且上传数据与生态环境保护主管部门一致。

4）加强对自动监测设备第三方运维情况的监督管理，如发现记录不完善、不规范、不全面的情况不予签字，不得由第三方运营单位代签。

5）发现自动监测设备传输数据异常的，应当及时报告上级单位生态环境保护归口管理部门和地方生态环境保护主管部门，同时通知、配合、监督第三方运维单位进行检查、修复，并依据相关要求开展手工监测。

（12）开展污染源自行监测的各单位应做好以下日常管理：

1）做好环境保护设施的运行操作和维修保养工作，确保设施连续正常运转，确保设施不超负荷运行，确保环境保护设施达到监测条件。

2）对监测报告的客观性、信息内容的完整性进行审核，发现数据异常的，应及时分析原因，必要时进行复测。

3）出现监测数据超标的，应制定整改措施并落实。

4）排污单位应按照排污许可管理相关规定以及当地生态环境保护主管部门的要求及时公开报告数据。

（三）台账管理

（1）排污单位应建立环境管理台账记录制度，按照排污许可证规定的格式、内容和频次，如实记录主要生产设施、污染防治设施运行情况以及污染物排放浓度、排放量。

（2）排污单位应建立污染源监测报告台账（电子台账＋纸质台账），监测报告和原始记录至少保存 5 年。

新、改、扩建项目验收或排污许可证申领、变更等情况，导致监测内容变化的，应及时向当地生态环境保护主管部门递交相关材料。

（3）台账记录：

1）排污单位按要求规范做好台账记录，包括生产设施运行情况、污染防治设施运行情况、污染物实际排放浓度和排放量，以及其他相关技术规范应记录的信息。

2）排污单位发现污染物排放超过污染物排放标准等异常情况时，应当立即采取措施消除、减轻危害后果，如实进行环境管理台账记录，并报告生态环境保护主管部门，说明原因。超过污染物排放标准等异常情况下的污染物排放计入排污单位的污染物排放量。

3）台账记录保存期限不少于 5 年。

（四）执行报告

（1）排污单位应按照排污许可证规定的内容和频次要求，编制排污许可证执行报告。

（2）排污单位应每年在全国排污许可证管理信息平台上填报、提交排污许可证年度执行报告并公开，同时向排污许可证核发生态环境保护部门提交通过全国排污许可证管理信息平台印制的书面执行报告。书面执行报告应当由法定代表人或者主要负责人签字或者盖章。

（3）排污单位应如实向地方生态环境保护主管部门报告排污许可证执行情况，依法向社会公开污染物排放数据并对数据真实性负责。排放情况与排污许可证要求不符的，应及时向地方生态环境主管部门报告。

（4）按报告周期分为年度执行报告、季度执行报告和月度执行报告三类。

1）年度执行报告。对于持证时间超过三个月的年度，报告周期为当年全年（自然年）；对于持证时间不足三个月的年度，当年可不提交年度执行报告，排污许可证执行情况纳入下一年度执行报告。

2）季度执行报告。对于持证时间超过一个月的季度，报告周期为当季全季（自然季度）；对于持证时间不足一个月的季度，该报告周期内可不提交季度执行报告，排污许可证执行情况纳入下一季度执行报告。

3）月度执行报告。对于持证时间超过十日的月份，报告周期为当月全月（自然月）；对于持证时间不足十日的月份，该报告周期内可不提交月度执行报告，排污许可证执行情况纳入下一月度执行报告。

（5）执行报告编制流程包括资料收集与分析、编制、质量控制、提交四个阶段。

1）资料收集与分析阶段。收集排污许可证及申请材料、历史排污许可证执行报告、环境管理台账等相关资料，全面梳理排污单位在报告周期内的执行情况。

2）编制阶段。针对排污许可证执行情况，汇总梳理依证排污的依据，分析违证排污的情形及原因，提出整改计划，在全国排污许可证管理信息平台填报相关内容。

3）质量控制阶段。开展报告质量审核，确保执行报告内容真实、有效，并经排污单位技术负责人签字确认。

4）提交阶段。排污单位在全国排污许可证管理信息平台提交电子版执行报告，同时向有排污许可证核发权的生态环境保护主管部门提交通过平台印制的经排污单位法定代表人或实际负责人签字并加盖公章的书面执行报告。电子版执行报告与书面执行报告应保持一致。

（6）执行报告通用要求及内容。

1）排污单位按照排污许可证规定的内容、频次和时间要求，如实填写、提交排污许可证执行报告，并对提交的排污许可证执行报告中各项内容和数据的真实性、有效性负责，自愿承担相应法律责任；应自觉接受生态环境保护主管部门监管和社会公众监督，如提交的内容和数据与实际情况不符，应积极配合调查，并依法接受处罚。排污单位应对上述要求作出承诺，并将承诺书纳入执行报告中。

2）年度执行报告内容包括基本信息、生产与污染防治设施运行情况、自行监测与台账记录执行情况、实际排放情况及合规判定分析、信息公开与内部环境管理体系建设运行情况、其他规定的执行情况和需要说明的问题、结论、附图附件等；季度／月执行报告内容包括污染物实际排放浓度和排放量、达标判定分析、超标排放或污染防治设施异常情况说明等。持证排污单位填报执行报告时，生产设施、治理设施和排放口编码应与排污许可证副本中的《编码对照表》相对应。

3）简化管理要求：实行简化管理的排污单位，应提交年度执行报告与季度执行报告。年度执行报告内容应至少包括排污单位基本情况、污染防治设施运行情况、自行监测执行情况、环境管理台账执行情况、实际排放情况及合规判定分析、结论等；季度执行报告至少包括污染物实际排放浓度和排放量，合规判定分析，超标排放或污染防治设施异常情况说明等内容。

4）排污许可证有效期内发生停产的，排污单位应当在排污许可证执行报告中如实报告污染物排放变化情况并说明原因。

（7）执行报告信息公开要求。

1）按照排污许可证规定，如实在全国排污许可证管理信息平台上公开污染物排放信息。污染物排放信息应当包括污染物排放种类、排放浓度和排放量，以及污染防治设施的建设运行情况、排污许可证执行报告、自行监测数据等；其中，水污染物排入市政排水管网的，还应当包括污水接入市政排水管网位置、排放方式等信息。

2）依法公开本单位污染物排放、水土保持、生态治理、温室气体排放等生态环境信息。在提交或公开生态环境信息前，应组织内部审核，经本单位主要负责人签发后方可予以提交或公开。

（五）排污口规范化建设要求

（1）按照《排污许可管理条例》第 18 条要求，污染物排放口位置和数量、污染物排放方式和排放去向应当与排污许可证规定相符；实施新建、改建、扩建项目和技术改造的排污单位，应当在建设污染防治设施的同时，建设规范化污染物排放口；排污单位应当按照相关生态环境保护主管部门的规定建设规范化污染物排放口，并设置标识牌。

（2）排污口规范化设置通用要求。

1）污染物排放口位置和数量、污染物排放方式和排放去向应当与排污许可证规定相符。

2）实施新建、改建、扩建项目和技术改造的排污单位，应当在建设污染防治设施的同时，建设规范化污染物排放口。

3）设置规范化的排污口，应包括监测平台、监测开孔、通往监测平台的通道（应设置 1.1m 高的安全防护栏）、固定的永久性电源等。

4）排污的规范化设置，应综合考虑自动监测与手动监测的要求。当既有国家标准又有地方标准时，应从严执行。

（3）采样位置要求：

1）排污口应避开对测试人员操作有危险的场所（周围环境也要安全）。

2）排污口采样断面的气流流速应在 5 m/s 以上。

3）对排污口的位置，应优选垂直管段，次选水平管段，且要避开烟道弯头和断面急剧变化部位。

4）排污口的具体位置，应尽量保证烟气流速、颗粒物浓度监测结果的准确性、代表性，根据实际情况按《固定污染源排气中颗粒物测定与气态污染物采样方法》《固定污染源烟气（SO_2、NO_x、颗粒物）排放连续监测技术规范》《固定源废气监测技术规范》从严到松的顺序依次选定。

（4）采样孔规范化要求。

1）手工采样孔的位置，应在烟气排放连续监测系统（CEMS）的下游；且在不影响 CEMS 测量的前提下，应尽量靠近 CEMS。

2）采样孔的内径：对现有污染源，应不小于 80mm；对新建或改建污染源，应不小于 90mm；对于需监测低浓度颗粒物的排放源，检测孔内径宜开到 120mm。

3）采样孔的管长：应不大于 50mm。

4）采样孔的高度：距平台面 1.2 ~ 1.3m。

5）采样孔的密封形式：可根据实际情况，选择盖板封闭、管堵封闭或管帽封闭。

6）采样孔的密封要求：非采样状态下，采样孔应始终保持密闭良好。在采样过程中，可采用毛巾、破衣、破布等方式将采样孔堵严密封。

（六）执行标准

（1）《排污许可管理条例》（中华人民共和国国务院令 第 736 号）。

（2）《排污许可管理办法》（2019 年 8 月 22 日修正）。

（3）《固定污染源排污许可分类管理名录》（2019 年版）。

（4）《重点排污单位名录管理规定（试行）》（环办监测〔2017〕86 号）。

（5）《排污许可证质量核查技术规范》（HJ 1299—2023）。

（6）《排污单位自行监测技术指南 总则》（HJ 819—2017）。

（7）《排污单位环境管理台账及排污许可证执行报告技术规范 总则（试行）》（HJ 944—2018）。

（8）《固定污染源排气中颗粒物测定与气态污染物采样方法》（GB/T 16157—1996）。

（9）《固定污染源烟气（SO_2、NO_x、颗粒物）排放连续监测技术规范》（HJ 75—2017）。

（10）《固定源废气监测技术规范》（HJ/T 397—2007）。

三、工作流程

（一）排污许可证申请流程（见图 3-1）

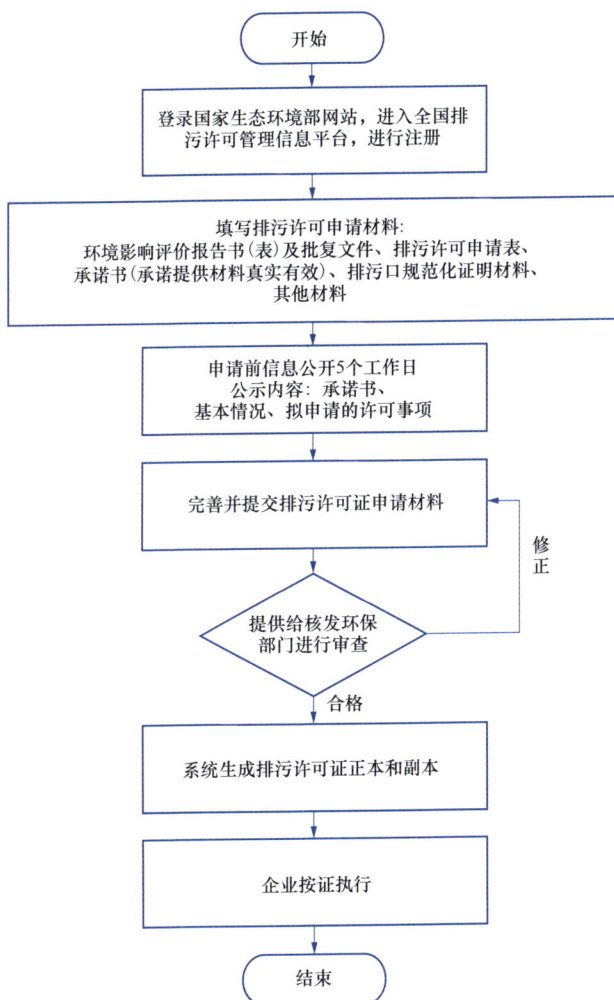

图 3-1 排污许可证申请流程

（二）排污许可证执行报告编制流程（见图3-2）

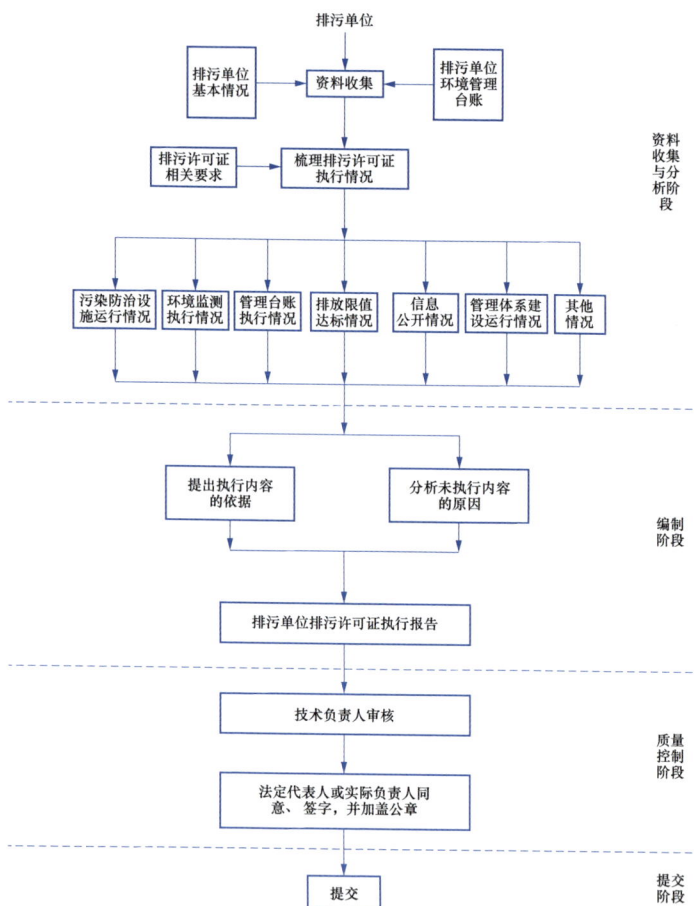

图 3-2　排污许可证执行报告编制流程

四、管理风险及隐患

（1）新建、改建、扩建项目未按规定办理排污许可，擅自排放污染物或未按排污许可证规定排放污染物。

（2）排污许可证污染物种类或污染因子与生产实际不符、不全面，存在不按证排污情况。

（3）排污单位超标、超总量排污、偷排、篡改伪造监测数据、逃避监管、不正常运行污染防治设施以及违反排污许可证规定排放污染物；污染物排放口位置或数量不符合排污许可证规定。

（4）降级申请排污许可证。

（5）未按要求及时变更、延续或重新办理排污许可证。

（6）被依法撤销、注销、吊销排污许可证后仍排放污染物。

（7）未按规定的内容和频次要求编制提报排污许可证执行报告。

（8）未按规定要求制定企业自行监测方案，未规范开展监测工作。

（9）排污单位未建立环境管理台账记录制度，未按照排污许可证规定的格式、内容和频次，如实记录主要生产设施、污染防治设施运行情况以及污染物排放浓度、排放量。

（10）未按要求及时在全国排污许可证管理信息平台上公开污染物排放信息，或者公开信息不准确。

（11）排污单位拒不配合生态环境保护主管部门监督检查，或者在接受监督检查时弄虚作假。

五、管理依据

见附件 1 表 3 排污许可管理。

第四章 生产（建设）过程污染防治管理

　　根据《中华人民共和国大气污染防治法》《中华人民共和国水污染防治法》《中华人民共和国固体废物污染环境防治法》等法律法规和《中国华能集团有限公司生态环境保护管理办法》要求，煤炭企业必须坚持节约优先、保护优先、自然恢复为主方针，树立预防为主、全过程控制管理理念，坚持推进绿色低碳高质量发展。重点做好污染物防治设施设备运行维护，制定检维修计划，定期开展保养、检修工作，确保污染物防治设施设备正常运行，有效控制建设生产及作业活动过程中废水、废气、废渣、噪声等各项污染物达标排放，切实履行企业污染防治主体责任。

第一节　大气污染防治

煤炭企业生产经营过程中产生的废气，主要包括有组织废气和无组织废气。有组织废气主要包括锅炉（燃煤、燃油、燃气）、矿井回风井、矿井瓦斯抽采处置等产生的废气；无组织废气主要包括喷漆、焊接、燃料（煤、油）储运、机械尾气、道路扬尘、散料堆场扬尘以及施工现场产生的废气。

一、管理范围

企业锅炉（燃煤、燃油、燃气）、矿井回风井、瓦斯抽采处置装置等系统配套环境治理设施建设情况，符合设计及环保要求情况；各类环保设施设备通过环保验收及备案情况；烟气在线监测系统验收、运行及其各种数据、DCS（分布式控制系统）趋势线调阅和储存情况；污染设施设备物料消耗和相应污染物去除量及污染设施运行情况及台账记录、监测情况；企业无组织废气污染防治情况；重污染天气应急预案编制及执行情况。

二、管理要点及标准

（一）大气（有组织）污染治理设施管理要点

（1）根据废气排放指标及时调整主生产设备运行工况，从源头降低大气污染物的产生浓度，确保废气达标排放。

（2）做好废气排放指标的统计记录工作，确保数据记录及时准确。

（3）做好废气处理设施的调整工作，废气排放指标异常时及时进行调整，确保废气达标排放。

（4）按照相关管理规定，加强脱硫、脱硝、除尘等设施的建设、验收、运行、检修全过程管理，确保污染防治设施运行达到设计要求，主要设施设备正常投运率 100%，禁止无故停运。

（5）废气处理设施的脱除效率必须达到设计标准，污染物排放量、排放浓度应达到国家标准和排污许可证控制要求。

1）大气污染物排放执行《锅炉大气污染物排放标准》，满足排污许可证排放要求。

2）企业要明确污染物排放总量和减量计划，主要包括烟尘、二氧化硫、氮氧化物。

3）其他废气排放执行《大气污染物综合排放标准》。

（6）做好计划性检修，避免非计划停运。锅炉及治污设施大修时，应对废气处理设施进行全面检查，大修后应按照要求进行脱除效率测试。

（7）烟气排放连续监测系统（CEMS）管理要求：

1）按规定安装烟气排放连续监测设备，并与地方生态环境保护主管部门联网，CEMS 系统安装、调试、验收、运行及检测执行《固定污染源烟气（SO_2、NO_x、颗粒物）排放连续监测技术规范》《固定污染源烟气（SO_2、NO_x、颗粒物）排放连续监测系统技术要求及检测方法》相关要求。

2）委托第三方运维单位定期对 CEMS 开展质量控制和质量保证工作，保证 CEMS 正常运行、全天连续监测，确保监测数据完整、有效且上传数据与生态环境保护主管部门一致。

3）加强对第三方运维单位情况的监督管理，如发现记录不完善、不规范、不全面的情况，排污单位应不予签字，不得由第三方运维单位代签。

4）发现 CEMS 传输数据异常的，应当及时报告集团公司生态环境保护归口管理部门和地方生态环境保护主管部门，同时通知、配合、监督第三方运维单位进行检查、修复，并依据相关要求开展手工监测。

5）发现烟气排放连续监测系统故障导致的数据异常，在线监测数据缺失、传输中断或异常，净烟气监测数据与锅炉运行工况和环保设施运行参数相关性差时应及时处理，做好相应记录。确保污染物排放达标率、数据传输有效率、数据上报率均达到 99% 以上。

（8）按照当地生态环境保护主管部门下发的关于重污染天气应急预案的要求，制定本单位重污染天气预警响应措施并严格执行。

（9）按照规定要求，做好环保设备设施运行台账记录，记录保存不低于 5 年。

（二）大气（无组织）污染治理设施管理要点

（1）无组织污染源配套污染防治设施应在各生产环节、相应系统正常投入运行，露天煤矿要加强穿、采、运、排各环节洒水抑尘，严格控制粉尘排放。

（2）运输煤炭、垃圾、渣土、砂石、土方、灰浆等散装、流体物料的车辆应当采取密闭或者其他措施防止物料遗撒造成扬尘污染，并按照规定路线行驶。装卸物料应当采取密闭或者喷淋等方式防治扬尘污染。运输车辆出入矿区，必须按要求进行车辆清洗，严禁未经冲洗干净的车辆出入矿区，严禁超载。

（3）贮存煤炭、煤矸石、煤渣、煤灰、水泥、石灰、石膏、砂土等易产生扬尘的物料应当密闭。不能密闭的，应当设置不低于堆放物高度的严密围挡，并采取有效苫盖措施防治扬尘污染。

（4）非道路移动机械应在国家非道路移动机械监管平台完成备案、安装环保标牌。机动车、非道路移动机械尾气应符合国家标准。在用重型柴油车、非道路移动机械尾气不能达标排放的，应当加装或者更换符合要求的污染控制装置。

（5）排土场（排矸场）应及时碾压、洒水、覆土，严格控制扬尘污染。

（6）露天煤矿穿孔设备要保证除尘系统、捕尘器等抑尘设施运行完好，严禁除尘设施停运或故障时进行穿孔作业。

（7）因特殊原因需临时堆煤、堆放沙土的，应采取有效措施防治扬尘污染。

（8）施工现场按要求实现"六个百分之百"标准。

（三）废气排污口标准化管理

（1）排放同类污染物的两个或两个以上的排污口（不论其是否属同一生产设备），在不影响生产、技术上可行的条件下，应合并成一个排污口。

（2）有组织排放废气的排气筒（烟囱）高度应符合国家和地方大气污染物排放标准的有关规定。

（3）无组织排放有毒有害气体的，应加装引风装置进行收集、处理，并设置采样点。

（4）排气筒（烟囱）应设置便于采样、监测的采样口和采样监测平台。有净化设施的，应在其进、出口分别设置采样口及采样监测平台。采样孔、点数目和位置应按《固定污染源排气中颗粒物测定与气态污染物采样方法》和《污染源监测技术规范》的规定设置。采样口位置无法满足规定要求的，必须报生态环境保护主管部门认可。

（5）排污单位所有的污染物排放口（源），必须在实行规范化整治的同时，设置相应的环境保护图形标识牌。

（6）排污口（源）的规范化整治和环境保护图形标识牌的设置是环境保护设施竣工验收的必要条件。

（7）排污口位置和污染物种类等有变化时，使用环境保护图形标识牌的排污单位应及时报告当地生态环境保护部门，经批准后变更标识牌和登记证相应的内容。

（8）环保图形标志必须符合《环境保护图形标志—排放口（源）》相关要求。

（9）标识牌必须保持清晰、完整。

（四）执行标准

（1）《锅炉大气污染物排放标准》（GB 13271—2014）。

（2）《大气污染物综合排放标准》（GB 16297—1996）。

（3）《固定污染源烟气（SO_2、NO_x、颗粒物）排放连续监测技术规范》（HJ 75—2017）。

（4）《固定污染源烟气（SO_2、NO_x、颗粒物）排放连续监测系统技术要求及检测方法》（HJ 76—2017）。

（5）《固定污染源排气中颗粒物测定与气态污染物采样方法》（GB/T 16157—1996）。

（6）《环境保护图形标志—排放口（源）》（GB 15562.1—1995）。

三、管理风险及隐患

（1）未按设计及环评要求同步建设大气污染防治设施，或污染防治设施不能正常稳定运行,污染物去除效率或排放浓度达不到设计标准。

（2）未建立污染防治制度及责任制，未制定污染防治设施操作规程，未开展相关培训。

（3）污染防治设施检修、维修不到位，带病运行，污染物不能稳定达标排放。

（4）污染防治设施运行及物料统计报表不规范、不全面。

（5）排污口标识标志不规范。

（6）施工作业现场管理不到位、散料堆场不苫盖、洒水抑尘不到位。

（7）物料运输车辆未执行苫盖等相关规定，存在撒料扬尘污染。

（8）施工合同未明确双方环保责任及大气污染防治要求及措施。

四、管理依据

见附件 1 表 4 大气污染防治。

第二节　水污染防治

水污染防治应当坚持预防为主、防治结合、综合治理的原则，优先保护饮用水水源，强化工业废水和生活污水的综合治理，积极推进生态治理工程建设，预防、控制和减少水环境污染和生态破坏。

煤炭企业废水主要包括生活污水和生产废水（矿井水、煤泥水、疏干水、脱硫废水等）。

一、管理范围

生活、生产废水的处理工艺及能力与环评、法律法规等要求符合情况；废水处理设备设施台账、日常检修保养、记录等情况；污染物去除效率及排放监测情况；设备设施运行材料消耗、管理情况；处理过程中产生固废的处置情况等。

二、管理要点及标准

（一）废水处理设施管理要求

（1）合理调整废水处理设施的运行状况，提高处理效率，确保废水处理后达标排放（含回用，下同）。

（2）做好废水排放指标的统计记录工作，确保数据记录及时准确。

（3）不得擅自停用废水处理设施，需要停止的，应按规定流程及时汇报有关部门和人员。

（4）废水处理设施、设备的完好率和投运率要与主体设备一致。污染物去除率、出水水质必须达到设计要求。废水处理所产生的污泥、结晶盐等应妥善处理或处置。

（5）废水处理设施须暂停运转、拆除或者闲置、改造更新时，必须按照制度规定逐层备案或审查、批准。加强废水处理设施计划性检修，避免非停。

（6）废水处理排放标准按照企业环评、排污许可要求或国家、地方法律法规政策从严确定。

（7）许可排放限值包括污染物许可排放浓度和许可排放量，原则上按照污染物排放标准和总量控制要求确定。执行特别排放限值的地区或有地方排放标准的，按照从严原则确定。

（8）重点排污单位应当按要求安装水污染物排放指标在线自动监测设备，与生态环境保护主管部门的监控设备联网，并保证监测设备正常运行。

（9）外排水各项指标数据按要求上传至集团公司实时监控平台。

（10）生活污水排入城镇管网需到当地主管部门办理排水许可，并开展水质监测工作。

（11）高盐废水必须经过处理，达到国家或地方排放标准及排污许可要求方可回用或排放，不得对环境产生影响。

（二）废水处理设施台账管理

（1）废水处理设施应建有设备台账和运行检修规程。

（2）废水处理设施运行台账应包括所有环保设施的运行参数及排放情况等，含处理能力（m^3/d）、进水水量、运行参数、出水水量（排放总量、回用量、外排量）、加药量、污泥产生量、排水去向及受纳水体、排入的污水处理厂名称等。

（三）废水排污口规范化管理

（1）向水体排放污染物按照规定设置排污口。

（2）废水排放口应符合《入河入海排污口监督管理技术指南 入河排污口规范化建设》《水污染源在线监测系统 安装技术规范》要求。

（3）排污单位所有的污染物排放口（源），必须在实行规范化整治的同时，设置相应的环境保护图形标识牌。

（4）排污口（源）的规范化整治和环境保护图形标识牌的设置是环境保护设施竣工验收的必要条件。

（5）排污口位置和污染物种类等有变化时，使用环境保护图形标识牌的排污单位应及时报告当地生态环境保护主管部门，经批准后变更标识牌和登记证相应的内容。

（6）环保图形标志必须符合《环境保护图形标志—排放口（源）》

相关要求。

（7）标识牌必须保持清晰、完整。

（四）执行标准

（1）《污水综合排放标准》（GB 8978—2014）。

（2）《污水排入城镇下水道水质标准》（GB/T 31962）。

（3）《城市污水再生应用城市杂用水水质》（GB/T 18920—2020）。

（4）《地表水环境质量标准》（GB 3838—2022）。

（5）《矿井水综合利用技术导则》（GB/T 41019—2021）。

（6）《煤炭工业污染物排放标准》（GB 20426—2006）。

（7）《煤矿井下消防洒水设计规范》（GB 50383—2016）。

（8）《城市污水再生利用 绿地灌溉》（GB/T 25499—2010）。

（9）《入河入海排污口监督管理技术指南 入河排污口规范化建设》（HJ 1309—2023）。

（10）《城市污水处理厂厂界排放标准》（GB 19498—2004）。

三、管理风险及隐患

（1）企业未按设计及环评要求同步建设水污染防治设备设施，或污染防治设施不能正常稳定运行，污染物去除效率或排放量达不到设计标准。

（2）水污染防治设施检修不到位，造成污染物不能稳定达标排放。

（3）企业未建立污染防治制度及责任制，未制定污染防治设施操作规程，未开展相关培训。

（4）污染防治设施运行及物料统计报表不规范、不全面。

（5）企业未按规范化要求设置排污口。

（6）废水未全部分类收集和处理，综合利用率不符合环评、取排水等政策要求，未采取有效措施减少废水和污染物排放。

（7）生活污水排入城镇管网未办理排水许可，未开展水质监测。

（8）施工合同未明确双方环保责任及水污染防治要求及措施。

（9）污水排放或回用不符合环评、取排水等政策要求。

（10）外排水各项指标数据未按要求上传至集团公司实时监控平台。

（11）生活污水站产生的污泥、结晶盐等未按规定合规处置。在线监测废液未按危险废物管理。

（12）废水处理设施设备处理效率未能达到设计要求，或者废水处理量超过系统设计能力。

四、管理依据

见附件 1 表 5 水污染防治。

第三节　噪声污染防治

噪声污染防治是生态文明建设和环境保护工作中不可或缺的重要内容，是事关人民群众利益的重要工程。

一、管理范围

按环评批复及排污许可要求对煤炭生产、洗选、装车、运输过程中设备设施产生的厂界噪声（车间噪声不属于此范畴）的监测情况；噪声防治设备设施运行维护管理情况；企业噪声防治管理制度及责任制建立情况；民众反映的噪声污染处置情况等。

二、管理要点及标准

企业应根据《中华人民共和国噪声污染防治法》《工业企业厂界环境噪声排放标准》等法律法规要求，开展企业噪声污染防治，确保噪声排放达标。

（一）管理要求

（1）噪声的防治应首先从声源上进行控制。企业应采购符合国家噪声标准规定的设备。对于声源上无法根治的生产噪声应采用有效的消声、隔振、隔声、吸声等噪声控制措施。

（2）厂界噪声排放不达标的，应积极研究超标原因，制定改造方案，采取防治手段，落实整改闭环。

（3）产生噪声设备的管理部门应做好设备运行调整并定期检查降噪设备运行情况，发现问题及时汇报，同时采取合理措施尽量降低噪声排放。

（4）噪声排放单位应当建立噪声污染防治责任制度，明确责任人和相关人员责任。

（5）工业企业厂界环境噪声排放限值按照声环境功能区划分执行。施工期间，噪声应符合建筑施工场界环境噪声排放标准的要求。

（6）新、改、扩建可能产生噪声污染的建设项目，应当依法进行环境影响评价。建设项目的环境噪声污染防治设施必须与主体工程同时设计、同时施工、同时投产使用。建设单位应当按照规定将噪声污染防治费用列入工程造价，在施工合同中明确施工单位的噪声污染防治责任。

（7）工业噪声排放企业应当采取有效措施，减少振动、降低噪声，依法取得排污许可证或者填报排污登记表。实施排污许可管理的单位应当按照规定，对工业噪声开展自行监测，保存原始监测记录。

（8）排污单位可根据自身条件和能力，利用自有人员、场所和设备自行监测，也可委托其他有资质的检（监）测机构代其开展自行监测；监测位置和监测频次满足排污许可及环评要求，如厂界环境噪声每季度至少开展一次监测，夜间排放的噪声要进行监测。

（9）排放工业噪声的单位应根据国家政策办理排污许可手续（2023年10月1日起噪声排放纳入排污许可证管理）。

（二）执行标准

（1）《工业企业厂界环境噪声排放标准》（GB 12348—2008）。

（2）《声环境质量标准》（GB 3096—2008）。

（3）《排污单位自行监测技术指南 总则》（HJ 819—2017）。

（4）《排污许可证申请与核发技术规范 工业噪声》（HJ 1301—2023）。

三、管理风险及隐患

（1）企业噪声污染防治管理制度不健全，责任体系不完善。

（2）企业未按要求将噪声纳入排污许可（2023年10月1日实施），未开展企业厂界噪声监测。

（3）企业因噪声防治设施缺失或不能满足环保要求导致工业噪声超标，或引起周边民众投诉。

（4）采购的设备不符合国家要求，没有及时按照国家要求淘汰存在噪声严重污染的设备及工艺。

四、管理依据

见附件 1 表 6 噪声污染防治。

第四节　固体废物污染防治

为了保护和改善生态环境，防止固体废物污染环境，保障公众安全，维护生态安全，推进生态文明建设，促进经济社会可持续发展，国家实施固体废物污染环境防治政策。

一、管理范围

煤炭企业固废的收集、贮存、转移、处置全过程管理情况；台账及合同管理情况；企业固废污染防治管理制度及责任制建立情况。

二、管理要点及标准

煤炭企业应根据《中华人民共和国固体废物污染环境防治法》等法律法规，严格固废管理，实现依法合规收集、贮存、转移、处置。

（一）一般固体废物污染防治管理要求

（1）煤炭企业要根据固体废物污染防治法律法规，制定管理制度，并明确管理机构及人员职责。严格执行排污许可制度，根据生产实际申请办理排污许可，不得无证产污、无证排污。

（2）露天煤矿生产剥离物（岩石、黄土、煤矸石等）严格按照采排标准和设计分层排弃至排土场。井工煤矿必须将煤矸石按照环评批复或当地生态环境保护主管部门要求依法合规处置。

（3）露天煤矿要合理规划到界排土场覆土工程，并严格执行覆土相关技术要求（覆土厚度平盘厚度≥3m，坡面厚度≥5m）。

（4）按计划严格落实《矿山地质环境恢复治理与土地复垦方案》各项工作。

（5）不得非法处置煤矸石、炉渣等固体废物。

（6）煤矸石的管理要求：

1）企业应按照法定程序申请矸石山的建设审批，未经批准不得擅自建设矸石山。

2）矸石山建设应遵循科学规划、合理布置、节约资源的原则，确保安全、稳定。

3）矸石山建设应符合环保要求，采取措施控制污染物的排放，保护周边环境。

4）应加强煤矸石处置管理和监督，建立健全的管理制度和监督机制，加强对煤矸石处置场所的日常管理和维护，确保安全和环保。

5）煤矸石应因地制宜，综合利用。

6）不宜利用的煤矸石贮存、填埋场所应在停用后三年内完成覆土、压实稳定化和绿化等封场处理。

7）煤矸石贮存、填埋场所应选择地势较低、地下水位较深、土层较厚的区域进行以减少对周边环境的影响。贮存、填埋场所应设置防渗系统、渗滤液收集和导排系统、截洪沟、排水沟、地下水监测系统等措施，确保不会对地下水造成污染。贮存、填埋场所应采取有效措施，防止自燃，防止有害物质的扩散。

8）煤矸石贮存、填埋应进行监测和评估，定期对场所周边的土壤、地下水、大气等进行监测，确保贮存、填埋场所不会对周边环境造成污染。同时，应对场所进行评估，及时发现问题并采取措施加以解决。

9）矸石山建设和使用过程中应采取有效措施减少扬尘、噪声和废水的排放。

10）矸石山周围应进行绿化和植被恢复，改善生态环境。

11）矸石山的开发和利用应符合国家生态环境保护相关法律法规和政策的要求。

12）临时堆放煤矸石，必须按散料堆场的环保要求做好污染防治。

（7）生活垃圾须委托有资质单位及专用车辆运输到政府指定的生活垃圾处理场，有条件单位要开展生活垃圾分类处理。

（8）建筑垃圾必须运送到当地政府指定的建筑垃圾场填埋处理。

（9）厨余垃圾必须委托有资质的单位进行无害化处置。

（二）危险废物污染防治管理要求

（1）企业要根据危险废物污染防治法律法规，制定管理制度，并明确管理机构及人员职责。

（2）严格执行排污许可制度，根据生产实际申请办理排污许可，危险废物必须在排污许可证中登记，不得无证产污、无证排污。

（3）管理计划。

1）企业要按年度制定危险废物管理计划，并根据实际情况及时进行调整变更。

2）同一法人单位或者其他组织所属但位于不同生产经营场所的单位，应当以每个生产经营场所为单位，分别制定危险废物管理计划，并通过国家危险废物信息管理系统向生产经营场所所在地生态环境保护主管部门备案。

3）产生危险废物的单位应当于每年 3 月 31 日前通过国家危险废

物信息管理系统在线填写并提交当年度的危险废物管理计划，由国家危险废物信息管理系统自动生成备案编号和回执，完成备案。

4）危险废物管理计划备案内容需要调整的，产生危险废物的单位应当及时变更。

5）根据企业危险废物产生量确定管理类别。

危险废物环境重点监管单位的管理计划制定内容应包括单位基本信息、设施信息、危险废物产生情况信息、危险废物贮存情况信息、危险废物自行利用/处置情况信息、危险废物减量化计划和措施、危险废物转移情况信息。

危险废物简化管理单位的管理计划制定内容应包括单位基本信息、危险废物产生情况信息、危险废物贮存情况信息、危险废物减量化计划和措施、危险废物转移情况信息。

危险废物登记管理单位的管理计划制定内容应包括单位基本信息、危险废物产生情况信息、危险废物转移情况信息。

（4）贮存管理。

1）危废贮存设施必须符合《中华人民共和国固体废物污染环境防治法》《国家危险废物名录》《危险废物贮存污染控制标准》相关规定，应设置泄漏、溢满事故收集围堰或应急池，容积应至少满足其内部最大危险废物贮存量发生意外泄露时所需要收集容积要求。

2）贮存设施所有者或运营者应建立贮存设施环境管理制度、管理人员岗位职责制度、设施运行操作制度、人员岗位培训制度等。明确危险废物库管理第一责任人和管理职责，配备专兼职危废库管理员。

3）贮存危险废物应根据危险废物的类别、形态、物理化学性质和污染防治要求进行分类贮存，且应避免危险废物与不相容的物质或材料接触。禁止将不能相容的危险废物混合贮存，禁止将非危险废物入库贮存，同时配备消防器材、符合消防安全的相关要求。

4）应按规范设置环境保护警示标识。产生的危险废物需根据实际情况悬挂、树立、粘贴或系挂危险废物标识。标识牌上应注明贮存的危险废物代码、危害性以及开始贮存的时间等内容。设置的标识标志必须符合国家标准要求的规格尺寸比例和颜色要求。各种标识标志的设置要牢固，位置要准确、明显、醒目。如有标志褪色或损坏、危险废物利用暂存或处置场所变更等情况，应及时更换标志。

5）管理员在接收登记入库时危险废物包装不符合要求的，有跑、冒、滴、漏现象的，有权不接收。

6）管理员应定期检查危险废物的贮存状况，及时清理贮存设施地面，更换破损泄漏的危险废物贮存容器和包装物，确保贮存设施防雨、防晒、防风等设施功能完好。

7）应当依法制定危险废物意外事故的防范措施和应急预案，并向所在地生态环境主管部门和其他负有固体废物污染环境防治监督管理职责的部门备案。

8）危险废物存入贮存设施前，应对危险废物类别和特性与危险废物标签等危险废物识别标志的一致性进行核验，不一致的或类别、特性不明的不应存入。

9）贮存设施运行期间，应按国家有关标准和规定建立危险废物管理台账。

10）贮存设施所有者或运营者应依据国家土壤和地下水污染防治的有关规定，结合贮存设施特点建立土壤和地下水污染隐患排查制度，并定期开展隐患排查；发现隐患应及时采取措施消除隐患，并建立档案。

11）贮存设施所有者或运营者应建立贮存设施全部档案，包括设计、施工、验收、运行、监测和环境应急等，应按国家有关档案管理的法律法规进行整理和归档。

12）危险废物环境重点监管单位，应采用电子地磅、电子标签、电子管理台账等技术手段对危险废物贮存过程进行信息化管理，确保数据完整、真实、准确；采用视频监控的应确保监控画面清晰，视频记录保存时间至少为 3 个月。

13）在常温常压下，易爆、易燃及排出有毒气体的危险废物应进行预处理，稳定后贮存，否则应按易爆、易燃危险品贮存。

14）必须采取必要的防风、防晒、防雨、防漏、防渗、防腐以及其他环境污染防治措施，不应露天堆放危险废物。

15）贮存设施或贮存分区内地面、墙面裙脚、堵截泄漏的围堰、接触危险废物的隔板和墙体等应采用坚固的材料建造，表面无裂缝。

16）贮存设施应采取技术和管理措施，防止无关人员进入。

（5）标识管理。

1）对危险废物的容器和包装物以及收集、贮存、运输、利用、处置危险废物的设施、场所，应当按照规定设置危险废物识别标志。

2）每一个贮存、利用、处置设施均应在设施附近或场所的入口处设置相应的危险废物贮存设施标志、危险废物利用设施标志、危险废物处置设施标志。

3）贮存设施应根据危险废物的类别、数量、形态、物理化学性质和污染防治等要求设置必要的贮存分区，避免不相容的危险废物接触、混合，并设置危险废物分区标识。

4）对于有独立场所的危险废物贮存、利用、处置设施，应在场所外入口处的墙壁或栏杆显著位置设置相应的设施标志。

5）位于建筑物内局部区域的危险废物贮存、利用、处置设施，应在其区域边界或入口处显著位置设置相应的设施标志。

（6）台账管理。

1）做好危险废物全流程管理台账记录。包括危险废物的产生、运输、库存等，如实记载危险废物的种类、数量、来源、贮存、出入库时间、转移流向、交接人签字等信息，确保危险废物申报登记数据的可靠性、准确性。

2）台账建立必须"一类一台"，严禁混记、错记、机打。

3）危险废物管理台账分为电子管理台账和纸质管理台账两种形式。产废企业可通过国家危险废物信息管理系统、企业自建信息管理系统或第三方平台等方式记录电子管理台账。

4）危险废物管理台账保存时间原则上应存档5年以上。

（7）转移管理。

1）在转移危险废物前，产废企业应向生态环境保护主管部门报批危险废物转移计划，并得到批准。

2）产废企业应委托具备相应危险货物运输资质的单位承运危险废物。应对承运人的主体资格和技术能力进行核实，依法签订书面合同，并在合同中约定运输危险废物的污染防治要求及相关责任。

3）产废企业要严格执行危险废物转移联单制度，如实填写移出人、承运人、接受人，转移危险废物的种类、重量（数量）、危险特性等信息，以及突发环境事件的防范措施等。

4）危险废物转移应遵循就近原则。

5）在危险废物转移过程中应当采取防扬散、防流失、防渗漏或者其他防止污染环境的措施，不得擅自倾倒、堆放、丢弃、遗撒危险废物。

（8）处置管理。

1）产废单位禁止将危险废物提供或者委托无危险废物经营许可证的单位或者其他生产经营者从事收集、贮存、利用、处置活动。

2）危险废物必须委托有处置资质的危废经营单位处置，且必须签订委托处置合同，在合同签订前必须核实处置单位技术和能力。合同条款中必须明确各方污染防治责任，以及污染防治措施。

3）必须及时核实接受人贮存、利用或者处置相关危险废物情况。

（9）危险废物产生点要设置危险废物暂存点，且按规范要求做好防渗、泄漏收集以及隔离措施，并及时转移至危废库。

（10）危险废物在收集、运送、贮存过程中发生污染事故或者其他突发性污染事故时，应当立即根据预案采取有效措施防止或者减轻污染危害的措施，并按照规定及时汇报，接受调查处理。

（11）必须按要求开展危险废物专项培训，提高危险废物管理人员的业务能力。

（三）执行标准

（1）《固体废物处理处置工程技术导则》（HJ 2035—2013）。

（2）《一般工业固体废物贮存和填埋污染控制标准》（GB 18599—2020）。

（3）《危险废物收集、贮存、运输技术规范》（HJ 2025—2012）。

（4）《危险废物贮存污染控制标准》（GB 18597—2023）。

（5）《危险废物填埋污染控制标准》（GB 18598—2019）。

（6）《危险废物识别标志设置技术规范》（HJ 1276—2022）。

（7）《危险废物管理计划和管理台账制定技术导则》（HJ 1259—2022）。

三、管理风险及隐患

（1）企业未建立固废污染防治管理办法及责任制。

（2）企业未办理排污许可或者未将固废纳入排污许可，存在无证产污、无证排污情况。

（3）企业未及时收集、合规贮存固废。

（4）企业将固废委托无资质单位进行运输、处置。

（5）未在委托处置前核实受托方的资质和能力、技术。

（6）未签订书面合同，或未在合同中约定各方污染防治责任及污染防治措施。

（7）危废贮存设施建设不规范，污染防治措施不到位。

（8）未按要求设置张贴危废标识标签。

（9）危废贮存设施内贮存危废不满足不相容原则，未设置应急收集池。

（10）未开展危险废物专项培训。

（11）未编制危废专项应急预案并备案，未开展培训和演练。

（12）建筑垃圾、厨余垃圾处置不符合国家和地方规定。

（13）高盐废水经蒸发结晶处理产生的杂盐，未按要求开展危废鉴定。鉴定为危险废物，但未按危险废物管理。

四、管理依据

见附件 1 表 7 固体废物污染防治。

第五节 土壤污染防治

一、管理范围

企业项目建设运营过程中，生产、使用、贮存、运输、回收、处置、排放有毒有害物质时，防止有毒有害物质渗漏、流失、扬散造成土壤污染采取的措施落实情况；拆除设施、设备或者建筑物、构筑物过程中采取的相应土壤污染防治措施落实情况；土壤污染监测评估和修复情况。

二、管理要点及标准

企业应根据《中华人民共和国土壤污染防治法》《污染地块土壤环境管理办法》等法律法规要求，开展土壤污染防治工作。

（1）严格控制有毒有害物质排放。土壤污染重点监管单位要严格控制有毒有害物质的排放，并按年度向生态环境保护主管部门报告有毒有害物质的排放情况。重点单位现有地下储罐储存有毒有害物质的，应当将地下储罐的信息报所在地生态环境保护主管部门备案。

（2）建立土壤污染隐患排查制度并开展隐患排查。土壤污染重点监管单位要建立土壤污染隐患排查制度，保证持续有效防止有毒有害物质渗漏、流失、扬散。新增的重点监管单位，应在纳入名录后1年内开展一次全面、系统的土壤污染隐患排查。之后原则上每2年开展一次排查，隐患排查中发现的问题必须及时整改到位，并建立整改台账资料备查。土壤重点监管单位新、改、扩建项目，应在投产后一年内开展补充排查。

（3）制定、实施自行监测方案。土壤污染重点监管单位要制定、实施土壤、地下水的自行监测方案，每年开展土壤、地下水的自行监测工作，并将监测数据报生态环境保护主管部门，自行监测结果存在异常的，应及时开展土壤污染隐患排查。

（4）制定土壤污染防治方案并报备实施。土壤污染重点监管单位拆除设施、设备或建筑物、构筑物的，应当制定包括应急措施在内的土壤污染防治工作方案，报地方人民政府生态环境、工业和信息化主管部门备案并实施。

（5）生产、使用、贮存、运输、回收、处置、排放有毒有害物质的单位应当采取有效措施，防止有毒有害物质渗漏、流失、扬散，避免土壤受到污染。

（6）风险管控、修复期间的建设用地不得建设无关项目。未达到土壤污染风险评估报告确定的风险管控、修复目标的建设用地地块，禁止开工建设任何与风险管控、修复无关的项目。对达到土壤污染风险评估报告确定的风险管控、修复目标的建设用地地块，土壤污染责任人、土地使用权人可以申请省级生态环境保护主管部门移出建设用地土壤污染风险管控和修复名录。

（7）土壤污染重点监管单位应按照相关法律法规、管理要求、技术指南以及隐患排查情况，在生产车间、储罐、污水处理设施、生产废水排放点、固体废物堆放区等区域做好防渗防漏等措施，设立警示标识牌。在矿区显著位置设立标识牌，载明土壤及地下水污染特征、主要风险管控措施、土壤及地下水风险点位分布、自行监测点位分布和自行监测因子等信息。

（8）应当按照风险管控方案要求，采取以下主要措施：

1）及时移除或者清理污染源。

2）采取污染隔离、阻断等措施，防止污染扩散。

3）开展土壤、地表水、地下水、空气环境监测。

４）发现污染扩散的，及时采取有效补救措施。

（９）对建设用地土壤污染风险管控和修复名录中需要实施修复的地块，企业应当结合土地利用总体规划和城乡规划编制修复方案，报地方生态环境保护主管部门备案并实施。

三、管理风险及隐患

（１）项目建设运营过程中，存在土壤污染风险的没有编制有效污染防治措施。

（２)对化学物品、危险废物以及其他有毒有害物质没有采取防渗漏、防流失、防扬散措施。

（３）未按要求设置标识标牌。

（４）对拟损毁的耕地、林地、牧草地未进行表土剥离。

（５）对建设用地土壤污染风险管控和修复名录中需要实施修复的地块，企业未结合土地利用总体规划和城乡规划编制修复方案，同时没有按规定报地方生态环境保护主管部门备案。

（６）未按要求及时开展土壤监测工作。

四、管理依据

见附件１表８土壤污染防治。

第六节　放射性污染防治

一、管理范围

辐射安全许可证办理（变更、延续）情况；辐射安全与防护责任制度、管理制度、操作规程等各项制度建立健全情况；操作人员辐射安全防护、技术规范、放射源操作规程等方面的学习及放射人员资格证情况；个人辐射剂量检测及辐射工作场所周边环境辐射剂量定期监测情况；放射源、射线装置使用单位辐射安全防护管理档案情况；放射源购买、使用、退役全过程动态管理情况。

二、管理要点及标准

（1）按照《中华人民共和国放射性污染防治法》要求，生产、销售、使用放射性同位素和射线装置的企业，应当按照国务院有关放射性同位素与射线装置放射防护的规定申请领取许可证，办理登记手续。按照《放射性同位素与射线装置安全许可管理办法》要求，在中华人民共和国境内生产、销售、使用放射性同位素与射线装置的企业，应当取得辐射安全许可证。

（2）制定辐射相关管理制度（建立辐射安全管理机构、制定操作规程、制定岗位职责、制定保卫制度、制定设备维护制度、制定使用登记制度、编制辐射安全事故应急预案），制定设备管理台账。

（3）使用放射性同位素与射线装置的企业在申请领取许可证前，应当组织编制或者填报环境影响评价文件，并依照国家规定程序报生态环境保护主管部门审批。在申领辐射安全许可证前须获得生态环境保护相关部门对环境影响评价文件的批复同意文件。

（4）根据现场要求设置电离辐射标志、设置警戒线、购置辐射防护设备（铅衣、铅帽、铅手套、铅眼镜、铅围裙、铅围脖、铅屏风、个人剂量计、报警仪、监测仪）。

（5）企业应当对直接从事使用活动的工作人员进行安全和防护知

识教育培训，并进行考核；考核不合格的，不得上岗。

（6）企业应当严格按照国家关于个人剂量监测和健康管理的规定，对直接从事使用活动的工作人员进行个人剂量监测和职业健康检查，建立个人剂量档案和职业健康监护档案。

（7）企业应当对放射性同位素、射线装置的安全和防护状况进行年度评估。发现安全隐患的，应当立即进行整改。

（8）需要终止的使用放射性同位素和射线装置的，应当事先对本单位的放射性同位素和放射性废物进行清理登记，作出妥善处理，不得留有安全隐患。

（9）注册全国和技术利用辐射安全申报系统申领辐射安全许可证（http：//rr.mee.gov.cn/rsmsreq/ApplyList.action）。

（10）设备安装完成后，由有资质单位开展辐射安全检测并出具检测报告，检测合格后放射源使用企业须开展申报登记工作，由各级政府部门审批通过后开展正常工作。

（11）许可证有效期为 5 年，有效期届满，需要延续的，应当于许可证有效期届满 30 日前向原发证机关提出延续申请。

（12）企业应当按照许可证的规定从事放射性同位素和射线装置的生产、销售、使用活动。禁止无许可证或者不按照许可证规定的种类和范围从事放射性同位素和射线装置的生产、销售、使用活动。

（13）企业应当在废旧放射源交回、返回或者送交活动完成之日起20 日内，向其所在地省级生态环境保护主管部门备案。

（14）废旧放射源处置：企业提出处置申请，生态环境保护主管部门统筹安排统一处置。企业草拟废旧源送贮申请，填写送贮申请表、送贮协议、送贮清单。送贮（处置）完成后从全国和技术利用辐射安全申报系统删除废旧源信息，注销系统，注销辐射安全许可证。

三、管理风险及隐患

（1）未取得辐射许可证或不按照许可证规定的种类和范围从事放射性同位素和射线装置的生产、销售、使用活动。

（2）企业在申请领取许可证前，未组织编制或者填报环境影响评价文件，未依照国家规定程序报生态环境保护主管部门审批。

（3）未及时申请延续辐射许可证或者延续申请未经批准。

（4）废旧放射源交回、返回或者送交活动完成之日起20日内，未向所在地省级生态环境保护主管部门备案。

（5）现场未按规定要求设置现场标识标志和配置相关辐射防护设备。

（6）设备安装完成后未委托有资质单位开展辐射安全检测、出具检测报告，且未向地方生态环境保护主管部门报备。

（7）从事使用活动的工作人员无证上岗，未开展个人剂量监测和职业健康检查，未建立个人剂量档案和职业健康监护档案。

（8）未进行放射性同位素、射线装置的安全和防护状况年度评估，未对安全隐患立即整改。

四、管理依据

见附件1表9放射性污染防治。

第五章　水土保持与土地复垦

　　根据《中华人民共和国水土保持法》《土地复垦条例》等法律法规要求，水土保持和土地复垦是项目开发建设者的主体责任，必须采用农、林、牧、水利等综合措施，防治水土流失，保护、改良与合理利用水土资源，提高土地生产力，建立良好生态环境。

　　采矿权人必须按照矿产资源和土地管理等法律法规要求，对在矿山建设和生产过程中，因挖损、塌陷等造成破坏的土地，采取整治措施，使其恢复到可供利用状态的活动。

一、　管理范围

企业建设用地范围内（含临时征地），《水土保持方案》《矿山地质环境恢复治理与土地复垦方案》编制及落实情况；相关管理制度和防治责任建立情况；"三同时"制度落实情况。

二、　管理要点及标准

（一）水土保持

（1）建设项目要严格执行《中华人民共和国水土保持法》，依规编制水土保持方案报告，全面分析地表扰动造成水土流失的程度，提出防治措施，并按下列管理程序及时上报地方相关行政主管部门审批。

1）核准制项目，在提交项目申请报告前完成水土保持方案报批手续。

2）备案制项目，在办理备案手续后、项目开工前完成水土保持方案报批手续。方案按照分级审批的原则，报相关水行政主管部门审批。

（2）水土保持方案经批准后，生产建设项目的地点、规模发生重大变化的，应当补充或者修改水土保持方案并报原审批机关批准。水土保持方案实施过程中，水土保持措施需要作出重大变更的，应当经原审批机关批准。水土保持方案经批准后存在下列情形之一的，生产建设单位应当补充或者修改水土保持方案，报原审批部门审批：

1）工程扰动新涉及水土流失重点预防区或者重点治理区的；

2）水土流失防治责任范围或者开挖填筑土石方总量增加30%以上的；

3）线型工程山区、丘陵区部分线路横向位移超过300m的长度累计达到该部分线路长度30%以上的；

4）表土剥离量或者植物措施总面积减少30%以上的；

5）水土保持重要单位工程措施发生变化，可能导致水土保持功能显著降低或者丧失的。

因工程扰动范围减少，相应表土剥离和植物措施数量减少的，不需要补充或者修改水土保持方案。

（3）建设项目建设过程中，依据国家对建设项目水土保持管理的规定，水土保持归口管理部门组织开展建设项目水土保持监理、监测工作，并负责对报告质量的监督。

（4）可能造成水土流失的建设项目，编制初步设计时应当包括水土保持篇章，明确水土流失防治措施、标准和水土保持投资，其施工图设计应当细化水土保持措施设计。

（5）可能造成水土流失的建设项目应当将水土保持工作任务和内容纳入施工合同，落实施工单位水土保持责任，在建设过程中同步实施水土保持方案提出的水土保持措施，保证水土保持措施的质量、实施进度和资金投入。

（6）水土保持监理、监测单位必须具有相应的资格证书，工作人员必须具有国家颁发的资格证。

（7）建设项目开工前，由工程实施归口管理部门监督施工单位进行开工前水土保持专项培训。

（8）建设项目建设过程中，由工程实施归口管理部门监督施工单位严格按照水土保持法律法规政策和水土保持方案及批复文件的要求，实施水土保持措施。

（9）在建设项目建设过程中，施工单位应接受水行政主管部门和企业水土保持归口管理部门现场监督检查。

（10）在建设项目建设过程中，确定不能按照水土保持方案施工的，工程实施归口管理部门应报地方水行政主管部门审批，待批准后再行实施，不得擅自变更。

（11）建设项目竣工后，对已纳入初步设计当中水土流失防治措施，没有落实到位的，应由工程实施归口管理部门监督施工单位及时进行修复和完善。

（12）建设项目水土保持设施实施自主验收（以下简称"自主验收"），建设单位是建设项目水土保持设施验收的责任主体，包括水土保持设施验收报告编制和竣工验收两个阶段，以水土保持方案（含变更）及其批复、水土保持初步设计和施工图设计及其审批意见为主要依据。

（13）自主验收主要内容包括：水土保持设施建设完成情况；水土保持设施质量；水土流失防治效果；水土保持设施的运行、管理及维护情况，水土保持监理总结报告，水土保持监测总结报告，水土保持设施验收报告等资料。

（14）自主验收合格应具备下列条件：

1）水土保持方案（含变更）编报、初步设计和施工图设计等手续完备。

2）水土保持监测资料齐全，成果可靠。

3）水土保持监理资料齐全，成果可靠。

4）水土保持设施按经批准的水土保持方案（含变更）、初步设计和施工图设计建成，符合国家、地方、行业标准、规范、规程的规定。

5）水土流失防治指标达到了水土保持方案批复的要求。

6）重要防护对象不存在严重水土流失危害隐患。

7）水土保持设施具备正常运行条件，满足交付使用要求，且运行、管理及维护责任得到落实。

（15）对存在下列情形之一的，不得通过水土保持设施自主验收：

1）未依法依规履行水土保持方案及重大变更的编报审批程序的。

2）无设计的水土保持措施的。

3）未依法依规开展水土保持监测的或补充开展监测的。

4）未依法依规开展水土保持监理的。

5）废弃土石渣未堆放在经批准的水土保持方案确定的专门存放地的。

6）水土保持措施体系、等级和标准未按经批准的水土保持方案要求落实的。

7）重要防护对象无安全稳定结论或结论为不稳定的。

8）水土保持分部工程和单位工程未经验收或验收不合格的。

9）水土保持设施验收报告、水土保持监测总结报告等材料弄虚作假或存在重大技术问题的。

10）未依法依规缴纳水土保持补偿费的。

（16）在建设项目投产使用前，根据水土保持方案及其审批决定等，组织具有相应水土保持技术条件的机构编制水土保持设施验收报告。

（17）水土保持设施验收报告编制完成后，应当按照水土保持法律法规、标准规范、水土保持方案及其批复、水土保持后续设计等，组织水土保持设施验收工作，形成水土保持设施验收鉴定书，明确水土保持设施验收合格的结论。水土保持设施验收合格后，生产建设项目方可通过竣工验收和投产使用。

（18）公开验收情况。通过公司官方网站等方式向社会公开水土保持设施验收鉴定书、水土保持设施验收报告和水土保持监测总结报告、水土保持初步设计报告。

（19）报备验收材料。在生产建设项目投产使用前，向水土保持方案审批机关报备水土保持设施验收材料。待水行政主管部门出具水土保持设施验收报备证明并公示后完成自主验收程序。

（二）土地复垦

（1）土地复垦义务人（建设单位）应当按照土地复垦标准和国务院国土资源主管部门的规定编制土地复垦方案。

（2）土地复垦义务人（生产单位）应当按照《土地复垦条例实施办法》第十六条要求，与损毁土地所在地县级国土资源主管部门在双方约定的银行建立土地复垦费用专门账户，按照土地复垦方案确定的资金数额，在土地复垦费用专门账户中足额预存土地复垦费用。

（3）企业应该严格按照《矿山地质环境恢复治理与土地复垦方案》进行复垦工作。

（三）执行标准

（1）《生产建设项目水土保持方案管理办法》（水利部令第 53 号，2023 年 1 月 17 日）。

（2）《生产建设项目水土保持技术标准》（GB 50433—2018）。

（3）《水利技术标准编写规定》（SL 1—2002）。

（4）《生产建设项目水土保持监测与评价标准》（GBT 51240—2018）。

（5）《生产建设项目水土保持设施自主验收规程（试行）》（办水保〔2018〕133 号）。

（6）《建设项目竣工环境保护验收技术规范　生态环境影响类》（HJ/T 394—2007）。

（7）《土地复垦条例》（中华人民共和国国务院令第 592 号）。

（8）《土地复垦条例实施办法》（国土资源部令第 56 号）。

三、工作流程

（一）建设项目水土保持方案编制和审查流程（见图 5-1）

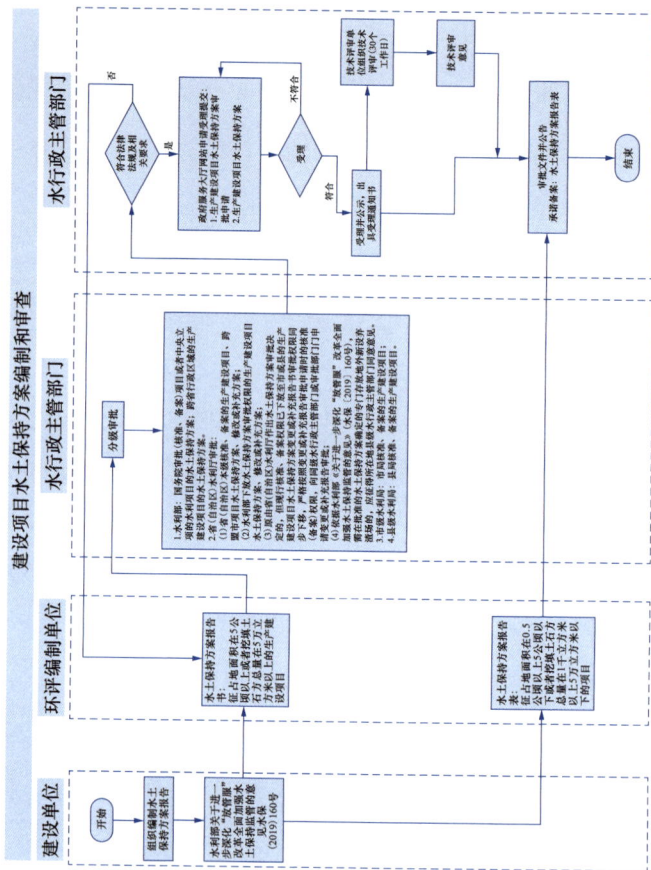

图 5-1　建设项目水土保持方案编制和审查流程

（二）建设项目水土保持验收流程（见图5-2）

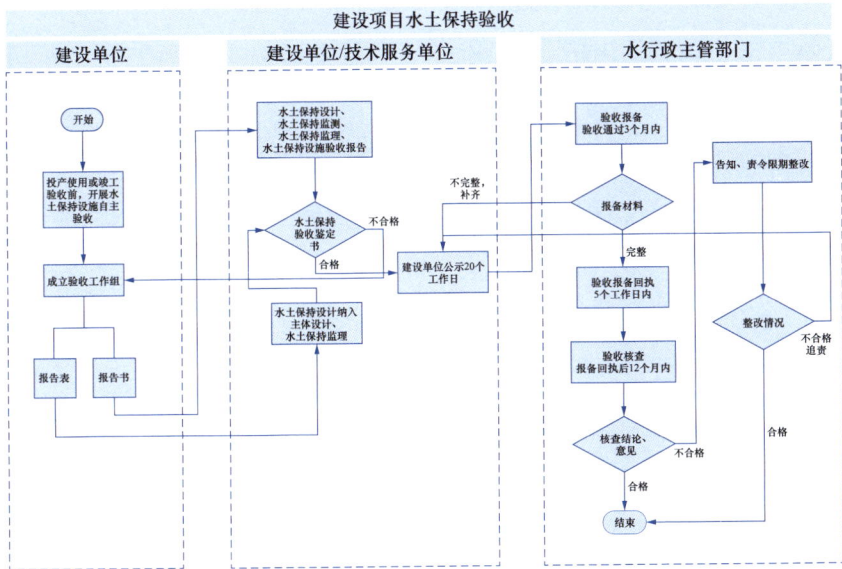

图 5-2　建设项目水土保持验收流程

四、管理风险及隐患

（1）项目建设未按要求编制水土保持方案，并完成备案，存在未批先建。

（2）建设项目的性质、规模、建设地点等发生变化时，未补充或者修改水土保持方案，未按照规定的程序报原批准单位审批。

（3）建设项目委托的水土保持监理、监测单位没有相应的资格证书，工作人员也没有国家颁发的资格证。

（4）建设项目未明确施工单位应承担的防治水土流失的责任、义务，未明确其防治水土流失的责任范围。合同段划分未考虑合理调配土石方，减少取、弃土（石）方数量和临时占地数量。

（5）在建设项目建设过程中，确定不能按照水土保持方案施工的，工程实施主管部门未按要求报地方工程管主管部门水行政主管部门审批，擅自变更。

（6）水土保持设施施工未按设计及批复执行"三同时"。

（7）企业水土保持验收不符合国家规定但自主通过验收，存在虚假验收情况。

（8）水土保持设施未通过验收，生产建设项目就投产使用，存在未验先投情况。

（9）未按要求编制《矿山地质环境恢复治理与土地复垦方案》，或方案未备案。

（10）未按要求建立土地复垦费用专门账户，未在土地复垦费用专门账户中足额预存土地复垦费用。

（11）未落实《矿山地质环境恢复治理与土地复垦方案》措施，存在弱化复垦现象。

五、管理依据

见附件 1 表 10 水土保持与土地复垦。

第六章　取用水管理

　　水资源的管理包括水资源的分配和利用，也包括对水资源的保护和治理。水资源的分配和利用是指在保证水资源总量充足的前提下，按照一定的原则和方式，将水资源分配给各个利用部门，包括农业、工业、城市和生态等部门，同时要合理利用水资源，提高水资源利用效率，降低浪费。

一、管理范围

企业依据环评报告，编制水资源论证报告并取得取水证；按证取水，依法合规取水、用水落实情况；取用水计量设备、统计数据及水资源税（费）的缴纳等情况。

二、管理要点及标准

用水企业应严格按照《中华人民共和国水法》《取水许可和水资源费征收管理条例》《取水许可管理办法》《地下水保护利用管理办法》等法律法规要求，开展企业用水退水管理，严格按证取水，及时缴纳水资源税（费），力争实现一水多用。

（1）根据环评报告及取水证批复要求执行企业的水资源取用管理。

（2）企业应当按要求编制水资源论证报告并取得取水许可证，缴纳水资源税（费）。

（3）企业应当按照经批准的年度取水计划取水，不得超批复取水。

（4）取水许可证有效期限一般为 5 年，最长不超过 10 年。有效期届满，需要延续的，应当在有效期届满 45 日前向原审批机关提出申请。

（5）企业变更取水权人名称和法定代表人的，需要进行取水许可变更手续。出现以下几种情形之一的，应当重新提出取水申请，不得进行取水许可变更：

1）取水量或者取水用途发生改变的（因取水权转让引起的取水量改变的情形除外）；

2）取水水源或者取水地点发生改变的；

3）退水地点、退水量或者退水方式发生改变的；

4）退水中所含主要污染物及污水处理措施发生变化的。

（6）依照国家技术标准安装计量设施，保证计量设施正常运行，并按照规定填报取水统计报表。

（7）企业要严格执行国家规定的用水计量收费和超定额累进加价制度。

（8）企业要按要求定期开展水平衡测试。明确各用水系统工艺和用水、排水数据资料，根据各用水系统工艺的用水水质要求，实现梯级用水、循环复用。采取综合节水措施，提高水的重复利用率，减少废水和污染物排放量。

（9）按照集团公司要求，积极推进取用水信息接入集团公司在线监测系统，做好表计定期校验和日常维护。

三、工作流程

取水许可证办理审批流程见图6-1。

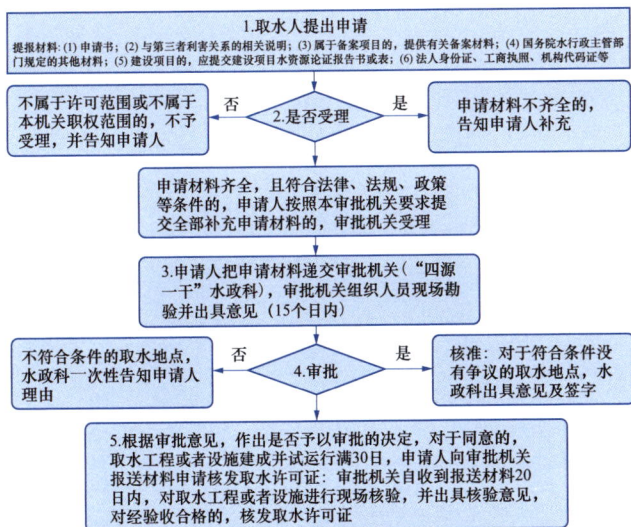

图6-1 取水许可证办理审批流程

四、管理风险及隐患

（1）企业未经批准擅自取水，或者未依照批准的取水许可规定条件取水。

（2）企业提供虚假材料骗取取水申请批准文件或者取水许可证。

（3）企业未安装计量设施或计量设施不合格、未按期鉴定、运行不正常、未按属地要求与地方水行政主管部门联网。

（4）企业未按时足额缴纳或者拖欠水资源税（费）。

（5）取水证有效期届满未申请延续或者延续申请未经批准。

（6）被依法撤销、注销、吊销取水证后企业仍然取水。

（7）企业未按要求定期开展水平衡测试。

五、管理依据

见附件 1 表 11 取用水管理。

第七章　环境风险与隐患管理

　　根据《中央企业节约能源与生态环境保护监督管理办法》，中央企业应对所属企业开展环境影响因素识别、风险点排查和隐患治理，防范环境污染事件。

　　风险与隐患管理是一种对潜在危险和可能导致损失的情况进行识别、评估、控制和监控的过程。它是企业在进行各种生产经营时必须进行的一项重要工作。有效的风险与隐患管理可以帮助企业预防事故和损失，保障员工和财产的安全。风险与隐患管理需要全员参与，并与其他管理体系相结合。

一、管理范围

企业生态环保风险和隐患排查的范围包括：手续证照办理情况、环保水保设施设备建设运行情况、污染物排放情况、生态恢复治理情况、周边环境监测情况、应急物资储备情况等。

二、管理要点及标准

（一）风险管理

（1）结合本企业生产实际，组织辨识与自身相关的环境风险因素及其相关环境影响。

（2）综合考虑全周期特点，评价确定具有重大环境影响的环境风险因素，并制定相关管控措施。

（3）开展突发环境事件风险评估，确定并实施环境风险防控和环境安全隐患排查治理的措施，包括有效防止泄漏物质、消防水、污染雨水等扩散至外环境的收集、导流、拦截、降污等。

（4）企业定期开展生态环保合规性评估，确保生产经营全过程依法合规。

（5）企业生产工艺、设备设施等发生变化时，要及时开展风险评估工作。

（二）隐患管理

（1）企业要按照有关规定建立健全环境安全隐患排查治理制度。

（2）按期开展隐患排查工作，隐患排查应覆盖生产作业全过程，建立隐患排查治理档案，及时发现并消除环境安全隐患。

（3）按照管理要求按时按流程完成隐患逐级上报工作。

（4）严格落实生态环保责任制，企业主要负责人是环境问题隐患整改工作的第一责任人，压实各部门、岗位责任，确保隐患整改"五落实"。

（5）按照 PDCA（计划、执行、检查、修正）的管理模式完成隐患治理工作。

三、工作流程

（一）突发环境事件风险分级流程（见图 7-1）

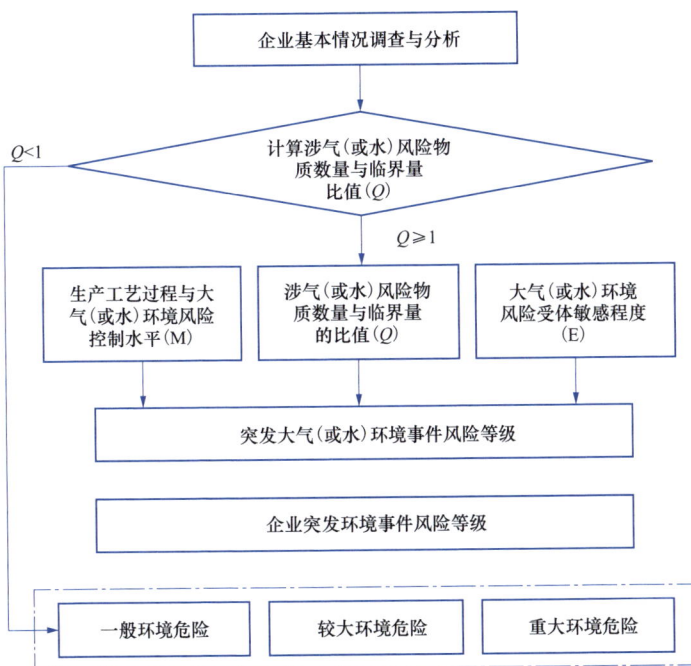

图 7-1 突发环境事件风险分级流程示意图

（二）隐患排查流程及分级（见图7-2）

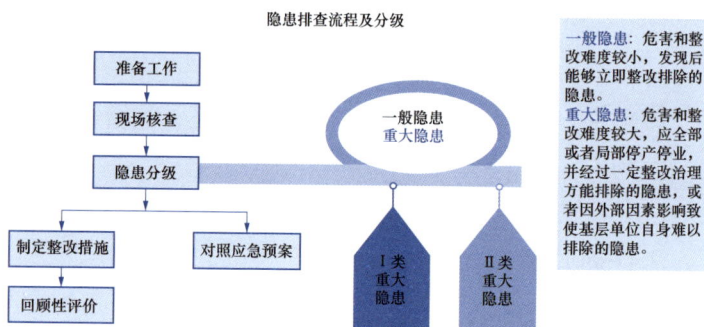

图7-2　隐患排查流程及分级

（三）露天煤矿及选煤厂产污节点图（见图7-3）

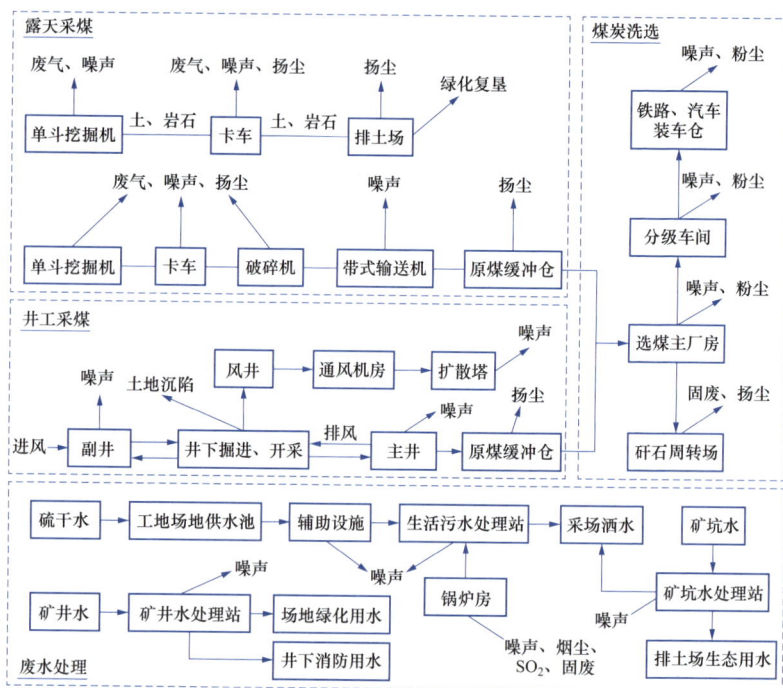

图7-3　露天煤矿及选煤厂产污节点图

（四）井工煤矿产污节点图（见图7-4）

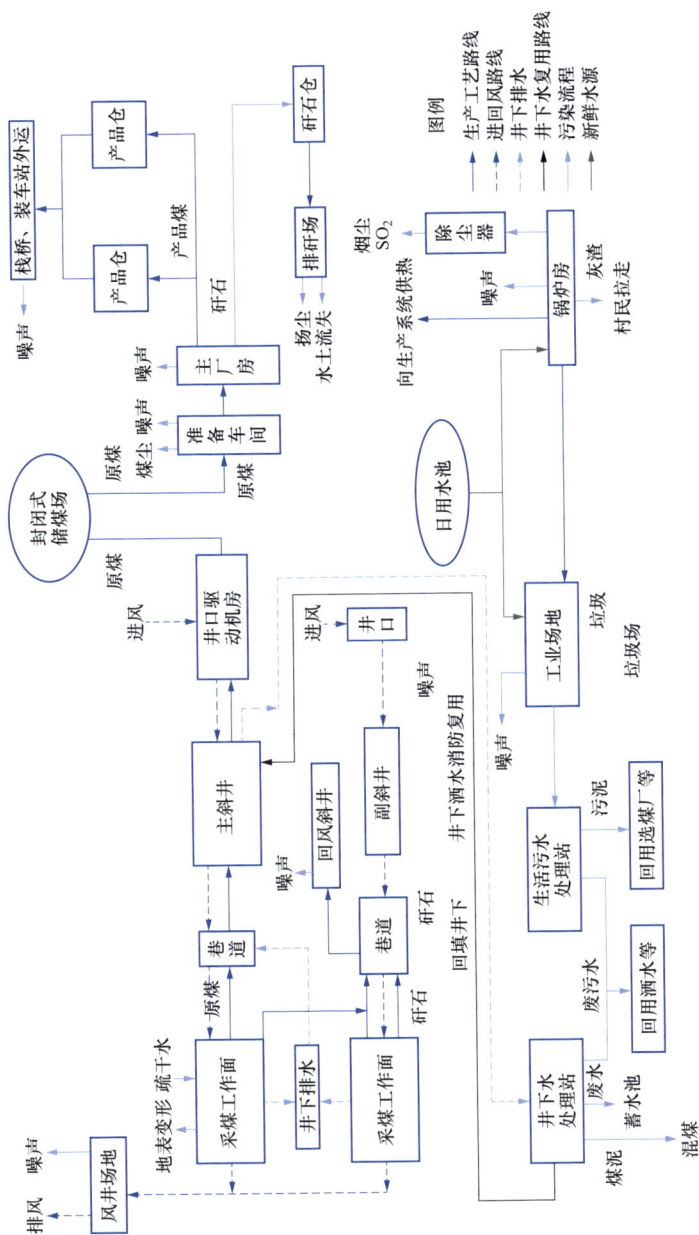

图7-4　井工煤矿产污节点图

（五）供热锅炉产污节点图（见图7-5）

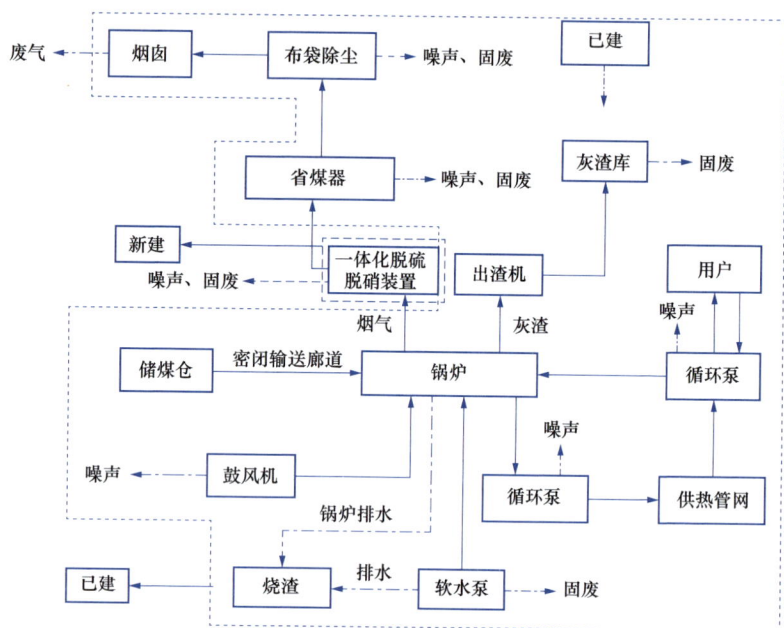

图7-5　供热锅炉产污节点图

四、管理风险及隐患

（1）企业未建立风险评估和隐患排查管理制度，未明确管理部门及责任人。

（2）未明确"排查－评估－报告－治理－验收－核销"的闭环管理流程。

（3）未建立健全风险隐患管控工作机制，未根据生产工艺条件开展全面辨识，分类汇总和危险程度评估，未制定预防措施，未将风险隐患整改分解落实到工作岗位和人员。

（4）管理及工作人员业务能力差，无法全面有效进行风险评估和隐患排查，或者制定的管控、治理措施无效。

（5）未建立分级管控机制，工作责任不清、整改不到位。

（6）企业生产工艺、设施设备等发生变化后，未及时开展风险评估和隐患排查。

五、管理依据

见附件 1 表 12 环境风险与隐患。

第八章　生态环境突发事件管理

根据《企业事业单位突发环境事件应急预案备案管理办法（试行）》，企业事业单位应当按照国家有关规定制定突发环境事件应急预案，报属地生态环境保护主管部门备案。企业应当制定有效措施，坚持预防为主、预防与应急相结合的原则开展突发环境事件应急管理工作。

第一节　突发环境应急管理

一、管理范围

企业开展风险评估工作情况；突发环境事件应急预案编制、评审、备案情况；应急预案的培训、演练情况；应急物资的储备情况等。

二、管理要点及标准

（1）企业环境应急预案备案管理，应当遵循规范准备、属地为主、统一备案、分级管理的原则。

（2）企业是制定环境应急预案的责任主体，应当根据应对突发环境事件的需要，开展环境应急预案制定工作，对环境应急预案内容的真实性和可操作性负责。

（3）环境应急预案应体现自救互救、信息报告和先期处置特点，侧重明确现场组织指挥机制、应急队伍分工、信息报告、监测预警、不同情景下的应对流程和措施、应急资源保障等内容。环境应急预案编制步骤：

1）成立环境应急预案编制组；

2）开展环境风险评估和应急资源调查；

3）编制环境应急预案；

4）评审和演练环境应急预案；

5）签署发布环境应急预案。

（4）企业环境应急预案首次备案，现场办理时应当提交下列文件：

1）突发环境事件应急预案备案表。

2）环境应急预案及编制说明的纸质文件和电子文件，环境应急预案包括：环境应急预案的签署发布文件、环境应急预案文本；编制说明包括：编制过程概述、重点内容说明、征求意见及采纳情况说明、评审情况说明。

3）环境风险评估报告的纸质文件和电子文件。

4）环境应急资源调查报告的纸质文件和电子文件。

5）环境应急预案评审意见的纸质文件和电子文件。

提交备案文件也可以通过信函、电子数据交换等方式进行。通过电子数据交换方式提交的，可以只提交电子文件。

（5）企业应按照《企业环境信息依法披露管理办法》要求，公示生态环境应急信息和法律法规规定的其他环境信息。

（6）结合环境应急预案实施情况，至少每三年对环境应急预案进行一次回顾性评估。有下列情形之一的，及时修订：

1）面临的环境风险发生重大变化，需要重新进行环境风险评估的。

2）应急管理组织指挥体系与职责发生重大变化的。

3）环境应急监测预警及报告机制、应对流程和措施、应急保障措施发生重大变化的。

4）重要应急资源发生重大变化的。

5）在突发事件实际应对和应急演练中发现问题，需要对环境应急预案作出重大调整的。

6）其他需要修订的情况。对环境应急预案进行重大修订的，修订工作参照环境应急预案制定步骤进行。对环境应急预案个别内容进行调整的，修订工作可适当简化。

（7）企业根据有关要求，结合实际情况，开展环境应急预案的培训、宣传和必要的应急演练，发生或者可能发生突发环境事件时及时启动环境应急预案。

（8）企业应当储备必要的环境应急装备和物资，并建立完善相关管理制度。

（9）造成或者可能造成突发环境事件时，应当立即启动突发环境事件应急预案，采取切断或者控制污染源以及其他防止危害扩大的必要措施，及时通报可能受到危害的单位和居民，并向事发地县级以上生态环境保护主管部门报告，接受调查处理。

三、工作流程

（一）应急预案编制流程（见图8-1）

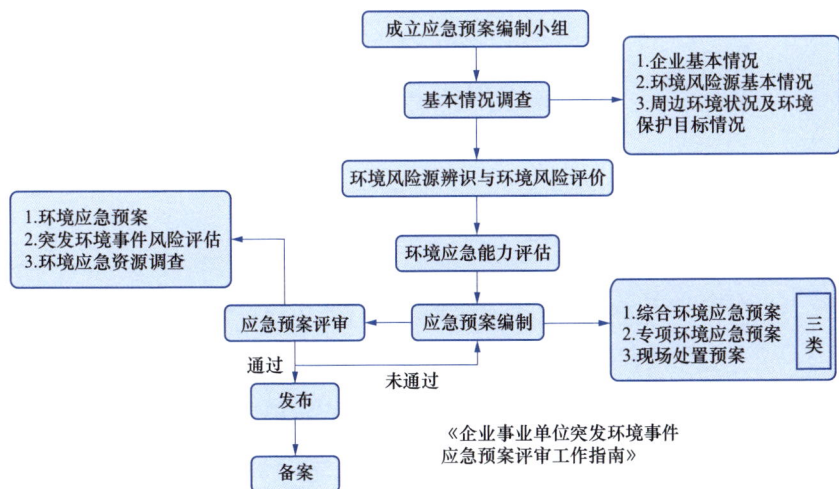

图8-1 应急预案编制流程

（二）应急预案启动流程（见图8-2）

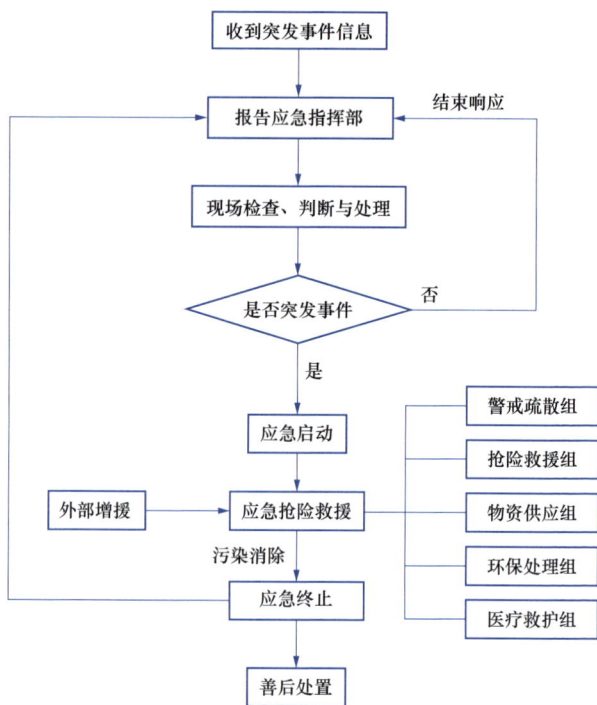

图8-2　应急预案启动流程

四、管理风险及隐患

（1）企业未编制突发环境应急预案，未进行评审备案。

（2）应急预案未按要求及时修订、重新备案。

（3）应急预案编制水平不高，制定的应急措施不全面、不科学。

（4）未按规定开展突发环境事件应急培训，未如实记录培训情况。

（5）企业未按要求开展应急演练或开展应急演练但没有总结分析。

（6）未按规定储备必要的环境应急装备和物资。

五、管理依据

见附件 1 表 13 生态环境事件管理。

第二节　重要时期和重污染天气应急

一、管理范围

国家或地方重要活动期间，以及京津冀及周边地区、长三角、汾渭平原等重点区域秋冬季重污染天气应急管控时应急措施落实情况；地方政府要求启动重污染天气应急预案时应急措施落实情况。

二、管理要点及标准

（1）列入国家重点区域的京津冀及周边"2+26"城市企业及汾渭平原，应积极主动执行国家、地方政府启动的重污染天气或重要时期空气质量管控方案，提前编制保障期间的生产计划、大宗物资运输和储备（含环保物资）、重型柴油车错峰运输、人员保障等工作预案，切实履行央企社会责任。

（2）按照《关于加强重污染天气应对夯实应急减排措施的指导意见》要求，企业应加强移动源面源应急减排。橙色及以上预警期间，施工工地、企业厂区内应停止使用国二及以下非道路移动机械（清洁能源和紧急检修作业机械除外），应停止使用国四及以下重型载货汽车（特种车辆、危化品车辆等除外）进行运输。

企业应加强矿山、施工工地和交通扬尘等面源应急管控。原则上，黄色及以上预警期间，应停止露天作业；施工工地应停止土石方作业、建筑拆除、喷涂粉刷、护坡喷浆、混凝土搅拌等；主干道和易产生扬尘路段应增加机扫和洒水频次；未安装密闭装置易产生遗撒的煤炭、渣土、砂石料等运输车辆应停止上路。

（3）应按照地方政府要求及时启动相关工作，确保不发生生态环保事件。

（4）重污染天气应急预案和重要时段空气质量管控应急方案，应按环保要求，及时向当地生态环境保护主管部门备案（根据各地相关政策执行）。

三、管理风险及隐患

（1）未按生态环境保护主管部门要求编制重污染天气应急预案、重要时段空气质量管控应急方案，或未及时更新已编制重污染天气应急预案、重要时段空气质量管控应急方案，未及时备案。

（2）企业重污染天气应急预案、重要时段空气质量管控应急方案相关措施不具体。

（3）未执行重要时段或时期的空气质量管控要求，措施落实不到位，污染物超限排放，被生态环境保护主管部门通报或处罚。

第三节　环保舆情监控与管理

一、管理要点及标准

（1）积极应对环保举报，主动响应有关诉求，做好沟通与协调，及时解决企业存在的环保问题，确保问题不扩大。

（2）加强与各级地方政府生态环境保护主管部门的沟通与联系，及时向地方生态环境保护主管部门汇报，申请现场问题核查，主动申请问题销号闭环。

（3）接受环保督察或检查，应第一时间向上级单位报告有关检查情况。

二、管理风险及隐患

（1）未积极处置当地环保举报或环保问题反映，导致产生环保舆情。

（2）环保舆情处置不当，未积极主动响应相关诉求，引发社会关注，产生负面影响。

第九章　环境监测管理

根据《中央企业节约能源与生态环境保护监督管理办法》，企业应依法开展污染物排放自行监测，按照国家和地方人民政府要求建立污染物排放监测系统，规范统计监测口径、范围、标准和方法，确保数据真实性、准确性和完整性。

第一节 在线监测设备安装和运行管理

一、管理范围

在线监测系统安装、运行、联网、验收以及自动监测设备的定期比对监测情况；运维规章制度建立与相关台账记录情况；监测数据传输真实有效情况。

二、管理要点及标准

（1）按照《中华人民共和国水污染防治法》《中华人民共和国大气污染防治法》要求，企业应安装自动监测设备。

（2）按照《水污染源在线监测系统（COD_{Cr}、NH_3-N 等）安装技术规范》要求，建设水污染源在线监测站房、安装相应的监测仪器。

（3）按照《水污染源在线监测系统（COD_{Cr}、NH_3-N 等）验收技术规范》要求，对已建设污染源在线监测站房、监测设备进行验收备案。

（4）按照《水污染源在线监测系统（COD_{Cr}、NH_3-N 等）运行技术规范》要求，对水污染源在线监测系统进行日常运行、维护和监管，建立运维规章制度与相关记录台账。

（5）按照《固定污染源烟气（SO_2、NO_x、颗粒物）排放连续监测技术规范》要求，建设 CEMS 站房、安装 CEMS 监测仪器；对 CEMS 进行日常运行管理（巡检、维护保养、校准和校验）和日常运行质量保证。

（6）按照《固定污染源烟气（SO_2、NO_x、颗粒物）排放连续监测系统技术要求及检测方法》附录 G 要求，做好对 CEMS 的 6 项日常管理记录［巡检记录、零点/量程漂移与校准记录、校验测试记录、维修记录、易耗品更换记录和标准气体更换记录（标定仪器的标准气体有效期为 1 年）］。

三、管理风险及隐患

（1）未按标准要求进行监测设备选型、安装调试和规范运行，未进行验收，政府行政主管部门要求联网上传监测数据的在线监测设施未按要求验收备案。

（2）污染物排放口的数量和位置、污染物排放方式和排污去向，与企业排污申报登记、环评批复文件不一致性；未按照监管要求对仪器进行维护、校准和校验，并开展比对监测。

（3）站房内配备的设施、药品和标准气体不符合要求或不在有效期内，废水在线站房内未设置危险废物警示标识；监测仪器的参数设置不合理，人为设置上限或在标定过程中设置数据保持。监测数据未通过硬接线的方式由监测仪器直接传至数采仪，且未向环保监管平台上传监测仪器的相关状态参数。

（4）制度执行不到位，如无设备操作、使用和维护保养记录，无运行、巡检记录，无定期校准、校验记录，无标准物质和易耗品的定期更换记录及设备故障状况及处理记录。

第二节　监测设备第三方运维管理

一、管理范围

核实第三方运维单位的资质及承担法律责任的能力；核实运维单位

开展运维所必需的人员、营业场所和检测条件等资源和基础设施情况；核实运维人员解决和处理运行过程中发生的常见问题和异常情况的处理程序和应急措施情况；核实运维单位建立的规章制度、工艺控制文件、作业指导书及相关记录情况；核实运维单位配置用于监测的仪器设备及完整有效的运行监测活动记录，核实运维单位对设备、配件、材料、药剂等产品质量验收档案记录。

二、管理要点及标准

（1）企业应当对自动监测数据的真实性和准确性负责。参照《环境保护设施运营单位运营服务能力要求》，对监测设备第三方运维单位的管理。

（2）为保证在线监测设备数据的真实准确，应制定工作流程和管理制度，建立风险防范机制和廉洁自律制度，明确各个环节相关责任人的责任，加强对运维人员技术和职业操守培训教育，切实提高运维质量。

（3）对监测数据的分析和综合评估应做到日监管、周分析，定期研判监测设备及监测数据质量存在的风险，加大对运维质量的监督检查和考核。

三、管理风险及隐患

（1）运维单位的资质和人员水平不具备作业规定的资格和能力。

（2）未建立管理制度，未按规范要求对仪器进行日常维护并保留记录文件。

（3）未按要求配置标准试剂、标准气体或不在有效期内，未按规定的周期对仪器进行校准或校验，随意修改监测仪器量程、篡改维护记录和监测数据。

（4）设施出现异常时未及时报备生态环境保护主管部门，未及时处理异常情况。

第十章　统计与信息管理

　　根据《生态环境统计管理办法》要求，企业应当真实、准确、完整、及时地提供生态环境统计调查所需的资料。根据《企业环境信息依法披露管理办法》要求，企业应当依法、及时、真实、准确、完整地披露环境信息。

第一节　统计管理

一、管理范围

企业生态环境统计、信息公开等管理制度建立情况；生态环保统计工作落实情况；相关材料上报、统计资料归档、保密工作情况。

二、管理要点及标准

根据《生态环境统计管理办法》要求：

（1）企业应当确保生态环境统计资料完整并做好归档工作。生态环境统计内容包括生态环境质量、环境污染及其防治、生态保护、应对气候变化、核与辐射安全、生态环境管理及其他有关生态环境保护事项。

（2）企业应真实、准确、完整、及时地提供生态环境统计调查所需的资料，不得提供不真实或者不完整的统计资料，不得迟报、拒报统计资料。

（3）企业作为生态环境统计调查对象，提供统计资料，应由填报人员和单位负责人签字，并加盖公章。

（4）生态环境统计资料的审核、签署人员应当对其审核、签署的统计资料的真实性、准确性和完整性负责。

（5）生态环境统计资料应当纳入生态环境统计年报或者以其他形式统一公布。不得违反规定公布生态环境统计资料，公布前不得违反规定对外提供。

三、管理风险及隐患

（1）企业未建立生态环境统计原始记录、统计台账。

（2）企业未建立健全统计资料的审核、签署、交接、归档、保密等管理制度，责任体系不完善，未明确管理部门及责任人。

（3）未按规定格式和要求开展统计上报工作。

（4）未加强对生态环境统计资料的保密管理。

四、管理依据

见附件 1 表 14 统计与信息管理。

第二节　企业环境信息依法披露

一、管理范围

按照生态环境部制定的格式准则，企业编制环境信息报告和临时环境信息报告，并按要求上传年度环境信息报告及临时环境信息披露报告至企业环境信息依法披露系统情况；企业环境信息披露管理制度、工作规程、工作职责、环境信息管理台账、相关原始记录及相关环境信息，环境信息披露时限落实情况。

二、管理要点及标准

根据《企业环境信息依法披露管理办法》规定，企业应当依法按规开展环境信息披露工作。

（1）重点排污单位、实施强制性清洁生产审核的企业、符合规定情形的上市公司、发债企业、法律法规规定的其他企业事业单位应当依法开展环境信息披露。

（2）按照《企业环境信息依法披露管理办法》要求，编制年度环境信息报告（主要有 8 项内容：企业基本信息；企业环境管理信息；污染物产生、治理与排放信息；碳排放信息；生态环境应急信息；生态环境违法信息；本年度临时环境信息依法披露情况；法律法规规定的其他环境信息），并按时限要求进行披露。

（3）实施强制性清洁生产审核的企业，除披露上述 8 项内容外，还应披露：实施强制性清洁生产审核的原因，强制性清洁生产审核的实施情况、评估与验收结果。

（4）临时环境信息报告的编制，按照《企业环境信息依法披露管理办法》第 17 条内容（5 项）进行，企业需要对已披露的环境信息进行变更的，应当以临时环境信息依法披露报告的形式变更，并说明变更事项和理由。

（5）按照《企业环境信息依法披露管理办法》要求，企业应当自收到相关法律文书之日起五个工作日内对临时环境信息披露报告进行披露；企业应当于每年 3 月 15 日前披露上一年度企业环境信息报告。

（6）企业可以根据实际情况对已披露的环境信息进行变更；进行变更的，应当以临时环境信息依法披露报告的形式变更，并说明变更事项和理由。

（7）披露的环境信息应当简明清晰、通俗易懂，不得有虚假记载、误导性陈述或者重大遗漏。

三、管理风险及隐患

（1）未按规定的时限对环境信息进行披露，披露的环境信息不及时、不全面。

（2）未按要求编制年度环境信息报告和临时环境信息报告。

（3）披露的年度环境信息报告和临时环境信息报告与企业实际情况不符，披露的环境信息存在虚假记载、误导性陈述或者重大遗漏。

（4）未按规定时限要求对年度环境信息报告和临时环境信息报告进行披露。

（5）环境信息披露的形式不符合要求。

（6）未按照企业实际情况编制年度环境信息报告及临时环境信息披露报告。

四、管理依据

见附件 1 表 15 企业环境信息依法披露。

第十一章　税费管理

第一节　环境保护税

企业应根据《中华人民共和国环境保护税法》《中华人民共和国环境保护税法实施条例》等法律法规要求缴纳环境保护税。

一、管理范围

企业环境保护税申报、缴纳情况；统计数据、计算资料（应税污染物计算依据、计算标准等）历年缴纳资料的整理归档情况；企业相关管理制度及责任制建立情况等。

二、管理要点及标准

（一）管理要点

（1）按照《中华人民共和国环境保护税法》第 1 章第 2 条要求，在中华人民共和国领域和中华人民共和国管辖的其他海域，直接向环境排放应税污染物的企业事业单位和其他生产经营者为环境保护税的纳税人，应当依照本法规定缴纳环境保护税。企业必须依据国家政策规定，按时申报、足额缴纳环境保护税。

（2）应税污染物及其计算依据和取费标准参照《中华人民共和国环境保护税法》所附《环境保护税税目税额表》，并结合地方政府政策要求执行。

（3）计算依据及统计资料要及时整理归档，同时保存纸质和电子档案，保存期至少 5 年。

（4）企业必须制定相关管理制度，明确管理部门及责任人。

（5）企业必须制定环境保护税申报、缴纳审核流程，确保计算依据准确、数据正确、缴纳足额。

（6）《中华人民共和国环境保护税法实施条例》第十七条所称应税污染物排放地是指：

1）应税大气污染物、水污染物排放口所在地；

2）应税固体废物产生地；

3）应税噪声产生地。

企业跨区域排放应税污染物，税务机关对税收征收管辖有争议的，由争议各方按照有利于征收管理的原则协商解决；不能协商一致的，报请共同的上级税务机关决定。

（7）企业生活污水接入城镇管网统一处理的不需要缴纳环境保护税。危险废物委托有资质单位处置的，不需要缴纳环境保护税。噪声排放达标不缴纳环境保护税。

（二）执行标准

（1）《中华人民共和国环境保护税法》（2018年10月26日修正）。

（2）《中华人民共和国环境保护税法实施条例》（中华人民共和国国务院令第693号）。

三、工作流程

1. 梳理应税污染物清单

包括但不限于：废水、废气、固体废物、噪声等。

注：凡是直接排到环境中的污染物必须要交环保税，但是综合利用或处置没有排放的可以不交环境保护税（适用于废水、固废），噪

声达标可以不交（但是需要准备充分的证据，如监测报告、处置协议等）。

2．材料收集（包含但不限于此）

（1）要求：真实有效。

（2）废气：

1）锅炉：在线监测基础数据（月报）、生产报表（耗煤量）、煤质检验报告（由选煤厂提供，主要取灰分和硫分）、环保设施运行记录（用料记录、启停记录等）。

2）无组织粉尘：生产量、第二次全国污染源普查产排污核算系数（第二次）、抑尘措施材料及地方收费标准。

（3）固体废物：处置协议、综合利用证明材料（如会议纪要、环评等支撑性材料）。

（4）噪声：监测报告等。

（5）废水：排污许可规定及监测报告。

3．计算方法

（1）优先顺序。

使用基础数据计算优先顺序：在线监测数据＞监测报告＞排污系数、物料衡算＞抽样检测。

（2）减征标准。

排放应税大气污染物或者水污染物的浓度值低于国家和地方规定的污染物排放标准百分之三十的，减按百分之七十五征收环境保护税。排放应税大气污染物或者水污染物的浓度值低于国家和地方规定的污染物排放标准百分之五十的，减按百分之五十征收环境保护税。

4. 申报

按照《环境保护税申报表》附表 1 中的内容逐项填写，一月一报，确认无误后，于每月 7 日前报送至企业生态环境保护归口管理部门审核。基础证明材料原件需自行保管并备案。

5. 应税缴纳

企业生态环境保护归口管理部门审核无误后汇总报至财务部，由财务部进行计算税额并与地方税务主管部门对接，按季缴纳。

6. 环境保护税计算流程（见图 11-1）

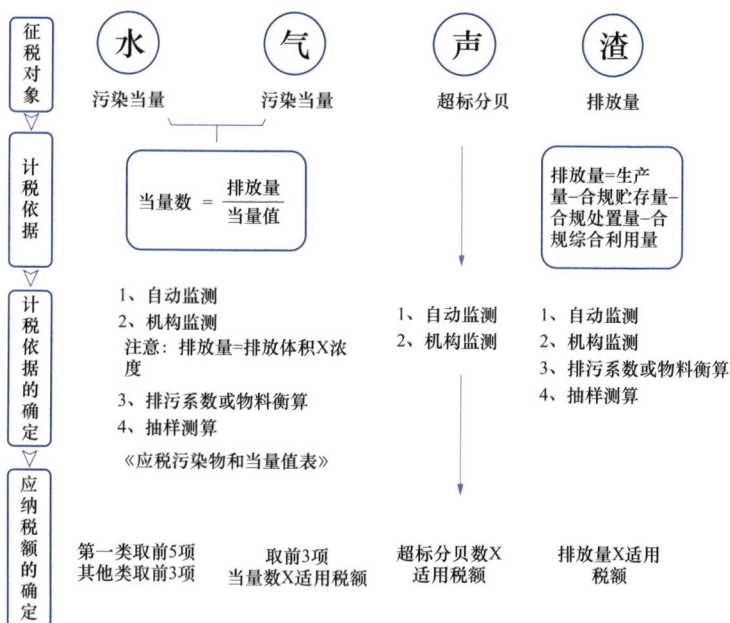

征税对象	水 污染当量	气 污染当量	声 超标分贝	渣 排放量
计税依据	当量数 = 排放量/当量值			排放量=生产量-合规贮存量-合规处置量-合规综合利用量
计税依据的确定	1、自动监测 2、机构监测 注意：排放量=排放体积X浓度 3、排污系数或物料衡算 4、抽样测算 《应税污染物和当量值表》		1、自动监测 2、机构监测	1、自动监测 2、机构监测 3、排污系数或物料衡算 4、抽样测算
应纳税额的确定	第一类取前5项 其他类取前3项 当量数X适用税额	取前3项 当量数X适用税额	超标分贝数X适用税额	排放量X适用税额

图 11-1　环境保护税计算流程

四、管理风险及隐患

（1）企业未建立相关管理制度，未建立责任制，未明确管理部门及责任人。

（2）未及时申报、足额缴纳环境保护税。

（3）应税污染物不全面、计算依据不准确、税费计算不准确。

（4）相关计算依据及统计资料不完善，未按要求归档保存。

（5）申报、缴纳没有内部审核流程，缺少风险管控流程。

（6）企业纳税申报环境保护税数据资料被政府部门认定异常，包括但不限于下列情形：

1）纳税人当期申报的应税污染物排放量与上一年同期相比明显偏低，且无正当理由。

2）纳税人单位产品污染物排放量与同类型纳税人相比明显偏低，且无正当理由。

五、管理依据

见附件 1 表 16 环境保护税。

第二节 水土保持补偿费

根据《水土保持补偿费征收使用管理办法》要求，在山区、丘陵区、风沙区以及水土保持规划确定的容易发生水土流失的其他区域开办生产建设项目或者从事其他生产建设活动，损坏水土保持设施、地貌植被，不能恢复原有水土保持功能的单位和个人，应当缴纳水土保持补偿费。

一、管理范围

建设项目涉及水土保持治理的根据国家政策缴纳水土保持补偿费情况；统计数据、计算资料、历年缴纳资料的整理归档情况；企业相关管理制度及责任制建立情况等。

二、管理要点及标准

（一）管理要点

（1）企业必须依据国家政策规定，按时足额缴纳水土保持补偿费。

（2）企业必须制定相关管理制度，明确管理部门及责任人。

（3）计算依据及取费标准必须符合国家及地方政府政策要求和标准。

（4）计算依据及统计资料要及时整理归档，同时保存纸质和电子档案，保存期至少5年。

（5）企业必须制定水土补偿费的计算缴纳审核流程，确保计算依据正确、数据准确、缴纳及时足额。

（二）执行标准

1. 《水土保持补偿费征收使用管理办法》（财综〔2014〕8号）

2. 《关于水土保持补偿费收费标准（试行）的通知》（发改价格〔2014〕886号）

注 水土保持补偿费征收标准及计算方式。

由各省、自治区、直辖市价格主管部门、财政部门会同水行政主管部门根据本地实际情况制定，企业须根据政策要求进行缴纳。

三、工作流程（见图 11-2）

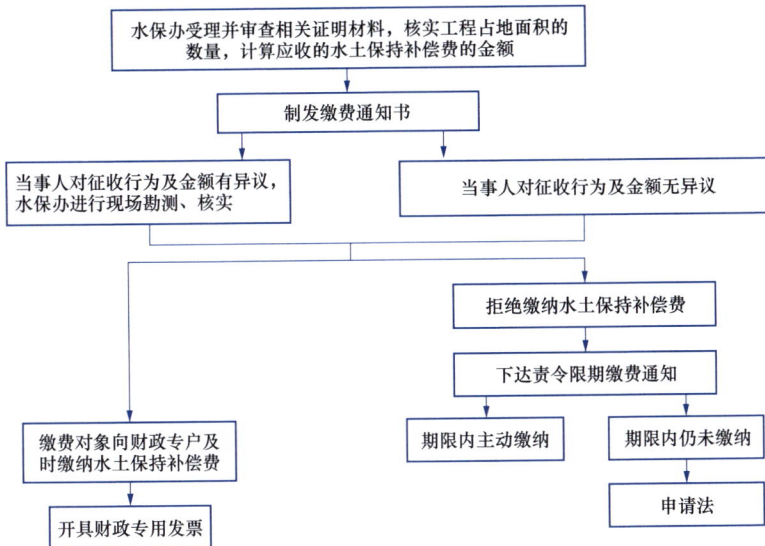

图 11-2　水土保持补偿费征收流程图

四、管理风险及隐患

（1）企业未建立相关管理制度和责任制，未明确管理部门及责任人。

（2）未及时足额向当地税务部门缴纳水土保持补偿费（自 2021 年 1 月 1 日起，水土保持补偿费划转税务部门征收）。

（3）计算依据不正确，缴纳费计算不准确。

（4）相关计算依据及统计资料不完善，没有按要求归档保存。

（5）内部缺少计算缴纳审核流程。

五、管理依据

见附件 1 表 17 水土保持补偿费。

第三节　水资源税（费）

企业应根据《中华人民共和国水法》《取水许可和水资源费征收管理条例》等法律法规要求，取用水资源的单位和个人应当缴纳水资源税（费）。

一、管理范围

企业水资源税（费）缴纳情况；统计数据、计算资料、历年缴纳资料的整理归档情况；企业相关管理制度及责任制建立情况等。

二、管理要点及标准

（一）管理要点

（1）企业必须依据国家政策规定，按时足额缴纳水资源税（费）。

（2）计算依据及取费标准必须符合国家及地方政府政策要求和标准。

（3）计算依据及统计资料要及时整理归档，同时保存纸质和电子档案，保存期至少 5 年。

（4）企业必须制定相关管理制度，明确管理部门及责任人。

（5）企业必须制定水资源税（费）计算缴纳审核流程，确保计算依据正确、数据准确、缴纳及时足额。

（6）水资源税实行从量计征，除中央直属和跨省（区、市）水力发电取用水外，由试点省份省级人民政府统筹考虑本地区水资源状况、经济社会发展水平和水资源节约保护要求，在《试点省份水资源税最低平均税额表》规定的最低平均税额基础上，分类确定具体适用税额。

（二）执行标准

（1）《取水许可和水资源费征收管理条例》（国务院令 第460号）。

（2）《扩大水资源税改革试点实施办法》（财税〔2017〕80号）。

三、工作流程（见图11-3）

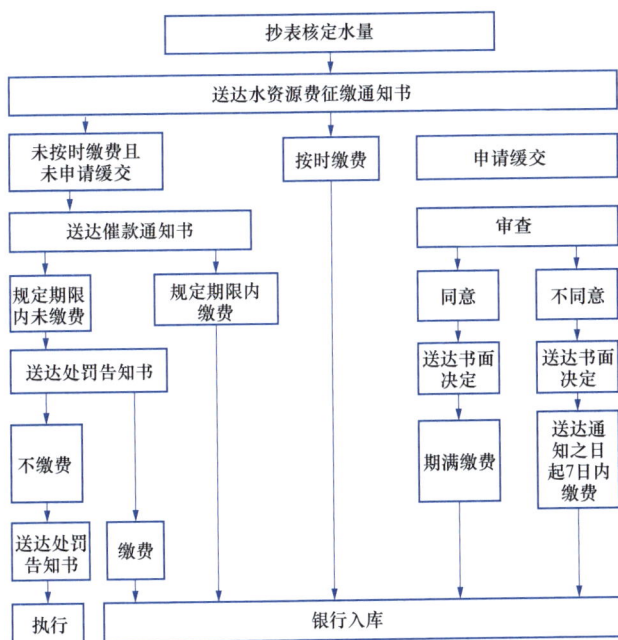

图11-3 水资源费征收流程图

四、管理风险及隐患

（1）企业未建立相关管理制度，未建立责任制，未明确管理部门及责任人。

（2）未及时足额缴纳水资源税（费）。

（3）计算依据不正确，缴纳税（费）计算不准确。

（4）相关计算依据及统计资料不完善，没有按要求归档保存。

（5）内部缺少计算审核流程。

五、管理依据

见附件 1 表 18 水资源税（费）。

第四节　退税（免税）管理

企业应按照《中华人民共和国税收征收管理办法》规定办理减税、免税。

一、管理范围

企业根据生产经营实际，结合国家《企业所得税优惠政策事项办理办法》《环境保护、节能节水项目企业所得税优惠目录》及《企业所得税优惠事项管理目录》等文件规定，申请生态环保设备及生态环保项目依法进行合法退税、免税等管理的全过程。

二、管理要点及标准

（一）管理要点

（1）及时掌握国家政策，对可享受企业所得税优惠的项目按要求办理退税进行退税。

（2）完善退税所有资料，严格按照流程办理。

（3）企业享受优惠事项的，应当在完成年度汇算清缴后，将留存备查资料归集齐全并整理完成，以备税务机关核查。

（4）企业同时享受多项优惠事项或者享受的优惠事项按照规定分项目进行核算的，应当按照优惠事项或者项目分别归集留存备查资料。

（5）企业对优惠事项留存备查资料的真实性、合法性承担法律责任。企业留存备查资料应从企业享受优惠事项当年的企业所得税汇算清缴期结束次日起保留 10 年。

（二）执行标准

（1）按照《中华人民共和国企业所得税法实施条例》第 100 条要求，企业购置并实际使用《环境保护专用设备企业所得税优惠目录》《节能节水专用设备企业所得税优惠目录》规定的环境保护、节能节水等专用设备的，该专用设备的投资额的 10% 可以从企业当年的应纳税额中抵免：当年不足抵免的，可以在以后 5 个纳税年度结转抵免。企业购置上述专用设备在 5 年内转让、出租的，应当停止享受企业所得税优惠，并补缴已经抵免的企业所得税税款。

（2）《企业所得税优惠事项管理目录》（2017 年版）。

（3）《环境保护、节能节水项目企业所得税优惠目录》（2021 年版）。

（4）《资源综合利用企业所得税优惠目录》（2021年版）。

三、工作流程（见图11-4）

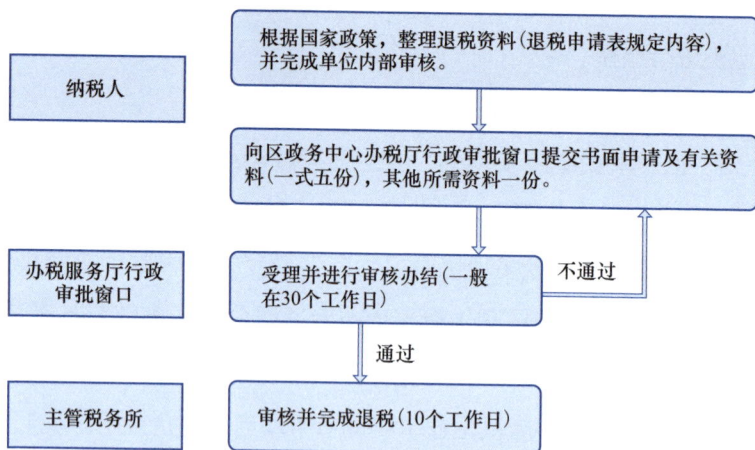

图11-4　退税流程图

四、管理风险及隐患

（1）未及时掌握了解生态环保行业税收优惠政策，导致退税、免税政策无法享受。

（2）企业未能按照税务机关要求提供留存备查资料，或者提供的留存备查资料与实际情况不符。

第十二章　清洁生产

　　根据《中华人民共和国清洁生产促进法》《清洁生产审核办法》等法律法规要求，清洁生产审核应当以企业为主体，遵循企业自愿审核与国家强制审核相结合、企业自主审核与外部协助审核相结合的原则，因地制宜、有序开展、注重实效，应按期完成审核与报备。

一、管理范围

企业应采取改进工艺设计、使用清洁的能源和原料、采用先进的工艺技术与设备、改善管理、综合利用等措施，从源头削减污染物排放，提高资源利用效率，减少或者避免生产、服务和产品使用过程中污染物的产生和排放，对生产和服务过程中的资源消耗以及废物的产生情况进行监测，并根据需要对生产和服务实施清洁生产审核、申报、管理等工作。

二、管理要点及标准

按照《中华人民共和国清洁生产促进法》《清洁生产审核办法》要求依法开展清洁生产申报与审核工作。

（1）《清洁生产审核办法》第八条第（三）款规定实施强制性清洁生产审核的企业，两次清洁生产审核的间隔时间不得超过5年。

（2）清洁生产审核与申报程序包括审核准备、预审核、审核，实施方案的产生、筛选和确定，编写清洁生产审核报告等。

（3）企业应按照《工业企业清洁生产审核 技术导则》，编制清洁生产审核报告。

（4）实施强制性清洁生产审核的煤炭企业，应当在名单公布后1个月内，在当地主要媒体、企业官方网站或采取其他便于公众知晓的方式公布企业相关信息；列入实施强制性清洁生产审核名单的煤炭企业应在名单公布后2个月内开展清洁生产审核。

（5）《清洁生产审核办法》第八条第（一）款和第（三）款规定实施强制性清洁生产审核的煤炭企业，应当在名单公布之日起1年内，完成本轮清洁生产审核并将清洁生产审核报告报当地县级以上环境保护主管部门和清洁生产综合协调部门。

（6）违反《清洁生产审核办法》第八条、第十七条规定，不实施强制性清洁生产审核或在审核中弄虚作假的，或者实施强制性清洁生产审核的煤炭企业不报告或者不如实报告审核结果的，依据《中华人民共和国清洁生产促进法》第三十九条规定处罚。

三、管理风险及隐患

（1）企业未按要求开展清洁生产申报审核工作。

（2）清洁生产审核程序不合规、清洁生产审核报告编制不规范。

（3）未在规定时间公布企业清洁生产相关信息。

（4）未严格落实清洁生产审核报告实施方案，造成清洁生产审核验收不通过。

四、管理依据

见附件 1 表 19 清洁生产。

第十三章　专项管理

第一节　培训与宣传

培训可以提升员工的业务技能水平和工作能力，增强员工对企业规范的理解和遵守意识。宣传可以让员工了解企业制定的规范，明确行为规范的重要性和必要性。开展培训与宣传活动有助于企业规避风险。

一、管理范围

培训宣传计划制定情况；培训宣传活动开展情况；管理人员业务能力水平提升评估情况等。

二、管理要点及标准

（1）企业要加强生态环境保护专业队伍建设，组织开展生态环境保护培训与宣传，提升全员生态环保意识，提高业务人员的工作能力。

（2）年初制定培训及宣传计划，并严格落实执行。

（3）定期开展习近平生态文明思想，党中央、国务院关于生态环保重大决策部署等专项学习，并纳入中心组学习计划。

（4）生态环保管理人员要定期开展环保法律法规政策的学习培训。

（5）参与危险废物管理工作的人员要开展专项培训工作。

（6）开展"六五环境日""全国生态日"等环保活动周工作。

（7）定期开展环保教育和岗位环保培训。

（8）定期开展生态环境突发事件应急预案的培训学习，提升队伍应急能力。

三、管理风险及隐患

（1）未制定年度培训宣传计划或未按计划开展工作。

（2）未定期开展习近平生态文明思想，党中央、国务院关于生态环保重大决策部署等专项学习，未纳入中心组学习计划。

（3）未定期开展环保法律法规政策的学习培训。

（4）未开展危险废物管理专项培训工作。

（5）未开展应急预案培训学习。

（6）未开展环境保护活动周宣传。

四、管理依据

见附件 1 表 20 培训与宣传。

第二节　企业周边主要环境敏感区管理

环境敏感区是指依法设立的各级各类保护区域和对建设项目产生的环境影响特别敏感的区域，主要包括下列区域：①国家公园、自然保护区、风景名胜区、世界文化和自然遗产地、海洋特别保护区、饮用水水源保护区；②除（一）外的生态保护红线管控范围，永久基本农田、基本草原、自然公园（森林公园、地质公园、海洋公园等）、重要湿地、天然林，重点保护野生动物栖息地，重点保护野生植物生长繁殖地，重要水生生物的自然产卵场、索饵场、越冬场和洄游通道，天然渔场，水土流失重点预防区和重点治理区、沙化土地封禁保护区、封闭及半封闭海域；③以居住、医疗卫生、文化教育、科研、行政办公为主要功能的区域，以及文物保护单位。

一、管理范围

对企业周边主要环境敏感区风险进行辨识和对周边环境质量监测情况，重点关注居住地、水源地、流域、农田、自然林等对污染较为敏感的区域。

二、管理要点及标准

按照《建设项目环境影响评价技术导则 总纲》和《排污单位自行监测技术指南 总则》要求，依据环境影响因素识别结果，附图并列表说明评价范围内各环境要素涉及的环境敏感区、需要特殊保护对象的名称、功能、与建设项目的位置关系；按照污染物排放标准以及环境保护要求等环境评价文件及其批复，以及其他环境管理要求对周边环境质量进行监测。

三、管理风险及隐患

（1）未进行企业周边主要环境敏感区风险辨识或辨识区域不全面。

（2）未按环境影响评价文件及其批复及其他环境管理要求对企业周边环境质量进行监测或监测不规范。

第三节 环保迎检

一、管理要点及标准

（1）做好与地方政府的有效衔接和沟通，及时了解相关情况，认真按照督察检查意见完成相关整改工作。强化生态环保管理，企业负责人、管理人员要掌握企业生态环保风险、污染物排放等情况，确保环保设施稳定达标排放，做到依法合规生产。

（2）按照《中央生态环境保护督察工作规定》要求，结合实际做好环保督察检查的准备工作。

（3）规范建立环保迎检制度，完善环保迎检流程和预案，明确各岗位人员责任，提高环保迎检工作的敏感性，建立常态化、制度化、高效的环保迎检机制。建立环保档案室或办公室，规范收集各类迎检材料，包括煤矿环评文件（含环评、批复、验收、备案、公示等），环保报表，环保工程文件（可研、立项、批复、设计、采购、合同、施工过程监管、验收、环评等），污染物治理台账，环保设施运行台账，资源利用台账（生产、生活废水、矸石等回用情况），在线监测设施文件（安装、调试、验收、备案、定期校准、运行维护等），矿山地质环境恢复治理与土地复垦文件（方案、项目开展、基金计提使用、验收等），环保税费缴纳文件［环保税、水资源税（费）、水土保持补偿费等］等各类涉生态环境保护材料，积极创造良好的迎检环境。

（4）严格落实环保督察检查整改要求，建立问题清单，制定整改计划，可立即整改的立行立改，不能立行立改的按计划完成整改；严格落实责任考核要求，举一反三，建立长效防范机制。

（5）建立快速有效的沟通机制，对环保督察检查发现的问题要做好解释和汇报工作，尽可能就地化解环保隐患，避免发生被公开通报处罚的环保形象安全事件。

二、管理风险及隐患

（1）企业管理人员不掌握企业污染物治理情况，企业对生态环保风险隐患排查与整改工作不重视，对于易发环保问题防范措施不落实。

（2）未和地方环保部门有效衔接和沟通，不能及时了解相关情况。

（3）环保迎检工作不规范，对于暗访、突击检查等情况发生门卫拒检、迎检人员不专业、回答问题不准确、配合检查不积极等问题，导致环保通报和处罚。

（4）环保检查指出问题未及时整改，整改结果不符合环保要求，或未及时向地方环保部门报备，未进行问题闭环销号工作。

三、对标对表中央生态环境保护督察的工作要求

以习近平新时代中国特色社会主义思想为指导，认真贯彻落实习近平生态文明思想以及习近平总书记重要指示批示精神。

聚焦党中央、国务院重大决策部署，聚焦国家重大战略实施中的生态环境保护要求，聚焦深入打好污染防治攻坚战，聚焦解决好群众关心的生态环境问题。

（一）基本原则

1. 坚持政治引领，压实责任

（1）坚决扛起生态文明建设和生态环境保护的政治责任，严格落实"党政同责、一岗双责"和"管行业必须管环保、管业务必须管环保、管建设生产经营必须管环保"。

（2）企业主要负责人作为生态环境保护第一责任人，亲自指挥部署，完善制度体系、健全组织架构、厘清部门职责、强化协调联动，压实生态环境保护的责任链，形成齐抓共管的整体合力。

2. 坚持问题导向，全面整改

（1）把防范化解生态环境风险摆在更加突出的位置，加快推动各

级政府督察以及上级公司检查暴露问题的整改闭环工作。

（2）紧盯中央生态环境保护督察关注重点焦点，举一反三，全面自查自纠，做到即知即改、立行立改，不能立即整改的要按"五定原则"推动落实见效。

（二）工作重点

1. 着力压实生态文明建设政治责任

（1）建立常态化学习机制，制定学习计划，建立学习台账。学习传达习近平生态文明思想和党中央、国务院重大决策部署以及中央领导同志重要指示批示精神。建立健全生态环境保护和风险防控的长效机制，系统施策、分类施策、对症施策，不断提升生态环境治理体系和治理能力现代化水平。

（2）坚决贯彻落实习近平生态文明思想，正确处理资源开发与生态环境保护关系，健全企业环保管理体系，坚决扛起生态文明建设和生态环境保护政治责任，发挥中央企业示范引领作用。

（3）把生态环境保护工作作为企业研究部署深化改革、生产经营、转型发展的重要内容，纳入党组（委）会、董事会、总经理办公会重要议题。

（4）定期宣贯生态环境保护法律法规政策，加强理论政策宣传解读，不断提高全员生态环境保护意识。

（5）全面履行生态环境保护主体责任，完善生态环境保护工作体制机制。

（6）统筹协调生态保护和资源开发，严格遵守生态环境保护法律法规，强化矿山生态保护修复、污染物排放管控、环境风险排查整治。

（7）回应社会关切，切实解决群众反映强烈的突出生态环境问题。

（8）依法依规依纪严肃责任追究，对于失职失责问题，要进一步深入调查，分清责任，并按有关规定严肃、精准、有效问责。

（9）按照生态环保规范要求，强化内部管控，增加资金投入，采用先进的生产工艺和治理技术，确保污染物达标排放，防止环境污染和生态破坏，接受政府部门检查、群众的监督。

2. 着力落实党中央、国务院重大决策部署

（1）统筹污染治理、生态保护，编制深入打好污染防治攻坚战实施方案并贯彻执行。

（2）深入打好污染防治攻坚战。

1）蓝天保卫战：积极配合秋冬季大气污染综合治理，正常工况下达标排放率100%。重点开展氮氧化物、挥发性有机物治理、强化无组织粉尘治理，努力消除扬尘、噪声扰民现象。

2）碧水保卫战：着力提升煤矿矿井水、疏干水、生活污水的资源化利用水平，全面开展排污口规范化整治。

3）净土保卫战：研究制定煤矸石等专项治理方案，提高一般固废综合利用率，全面排查危险废物合规处置、排矸场污染防治和生态修复情况。

加强资源管控，依法落实取水、碳排放配额等资源指标，合理解决环境权益冲突。加强环保水保"三同时"、排污许可、用水等管控，加快解决煤矿生产能力变化与环保管理要求不一致历史遗留问题。

3. 着力完善生态文明建设长效机制

制定预算时，优先足额安排生态环境保护所需资金，凡是挂牌督办的生态环境重大问题隐患，责任部门负责制定整改方案并提出治理资金

需求，计划部门负责将其纳入资金计划，财务部门负责将其纳入预算并据实列支。

4. 着力打造生态文明建设示范标杆

引领绿色低碳发展，打造生态环保领跑者。按绿色矿山标准推进绿色矿山建设，有条件的企业实施绿色低碳发展软科学项目，完善废旧物资循环经济体系，持续加强物资全生命周期管理。根据国家政策，积极开展流域生态保护工作。

第四节　考核与改进

一、管理要点及标准

（1）企业应实行生态环保考核评价制度。将生态环境保护目标责任落实情况纳入年度业绩考核及党建工作责任书考核评价范围，对工作业绩突出的单位和个人予以表彰奖励。

（2）逐级分解集团公司、上级单位要求的生态环保考核指标，并纳入年度业绩考核及党建工作责任书进行考核落实。

（3）企业应建立健全监督考核体系，将生态环境保护工作成效作为年度业绩考核及党建工作责任书考核内容，严格制定一票否决制。

（4）企业应严格考核问责，对履职履责不到位、问题治理不到位、突发生态环境事件、生态环境违法违规行为的问责力度。发生较大及以上生态环境事件、被省级及以上生态环境行政主管部门通报并造成严重不良影响、因同一生态环境违法行为重复受到判罚处罚的，不得参加各类评优评先。

（5）定期实施生态环境保护工作体系的内部审核及评审，确保生态环境保护体系符合实际，并得到有效实施和保持；对审核和评审中出现的不符合项制定纠正措施并持续实施改进。

二、管理风险及隐患

（1）未制定生态环保考核评价制度，或未按制度开展考核。

（2）未对管理体系进行审核，存在不合规的问题。

（3）未将生态环境保护目标责任落实情况纳入年度业绩考核及党建工作责任书考核评价范围，未开展评先活动。

三、管理依据

见附件 1 表 21 考核与改进。

第五节　环保定期工作

企业应严格按照国家和地方政府统计监测口径、范围、标准和方法，确保污染物排放、水资源利用等统计数据的真实性、准确性和完整性。

一、月报、季报、年报环境信息统计

环保定期工作分为月报、季报、年报环境信息统计工作，污染源自动监测系统线上填报表包括环保月报、环保季报及环保年报。

1. 环保月报

《生态环保风险台账》《环保通报及罚款月报表》等。

2. 环保季报

《资源利用台账》等。

3．环保年报

《年度环保工作总结》《矿山地质环境恢复治理与土地复垦台账》等。

4．填报要求

（1）应建立自下而上、逐级把关的生态环境保护统计报送信息审核制度，明确填报、审核责任，原始记录和统计台账符合相关要求，确保统计信息（数据）的真实性、准确性和完整性。

（2）环保相关人员须严格审核数据，严格执行月报、年报报送时间。月报上报时间为每月3日，基层企业应每月1日前上报各单位，季报上报时间为每季度初5日，基层企业应每季度初3日前上报各单位，年报上报时间以实际通知为准。

二、生态环保风险排查与整改台账

台账执行分级管理。企业填报后，由上一级单位逐项审核后每月3日前在系统中提交，扎实推进生态环保风险整改。要做到产业全覆盖，明确填报负责人，实事求是，真实反映企业生态环保风险管理情况。要建立环保风险隐患排查与整改长效机制，落实责任，明确整改方案，加强整改过程管理，确保整改工作取得实效。

三、环保行政处罚与通报情况报送

严格执行重大环保信息报送规定，对于出现的环保通报、行政处罚及整改要求，要在第一时间报告上级单位，积极消除环保舆情风险。每月3日前由企业所属上一级单位报送相关具体情况。

四、政府部门相关报表

应根据当地生态环保主管部门及其他部门要求，按时填报相关报表内容。目前政府报表系统多数为电子化系统，如排污许可执行报告、环境统计、固废申报系统、企业环境信息依法披露系统、省级污染源监测数据与信息共享平台等。